GW01605716

• FAIT MAISON •

APÉROS

Recettes gourmandes
à réaliser à la maison

Émilie Perrin

• FAIT MAISON •

APÉROS

Photographies : Aline Princet
Stylisme : Manuella Chantepie

hachette
CUISINE

• FAIT MAISON •

SOMMAIRE

• INTRODUCTION •

Une soirée d'hiver entre amis au coin du feu, des longues conversations estivales sur la terrasse jusqu'à la nuit tombée, lorsque la fraîcheur vespérale succède à la chaleur écrasante du jour... autant d'occasions de déguster, au moment de l'apéritif, de croustillants feuilletés ou de rafraîchissantes verrines…

Comment honorer ces moments privilégiés ? Comment élaborer un apéritif dînatoire ? À l'époque où l'apéritif est devenu le prélude festif de tout repas digne de ce nom et où il peut constituer à lui seul un véritable repas, il est impossible, sauf manque de temps ou incurie culinaire, de se contenter de quelques amuse-gueules banals avant la sacro-sainte entrée. Le « fait maison » s'impose ainsi pour de multiples raisons. Outre les questions d'économie et de santé – on connaît les ingrédients que l'on a préalablement sélectionnés avec soin –, le plaisir d'œuvrer soi-même pour ses invités et la fierté d'avoir réalisé ses propres créations, la confection des amuse-gueules crée une véritable symphonie de couleurs, de saveurs et d'effluves qui personnalisent non seulement votre repas mais rehaussent également votre cadre de vie, créant une ambiance intime et chaleureuse qui ravira vos hôtes.

Ce recueil de recettes à la fois simples, économiques, variées et succulentes vous ouvre la porte de cet univers où se mêle à la joie de vivre l'éblouissement des papilles.

• CE QU'IL VOUS FAUT •

MATÉRIEL

Avec le matériel suivant, vous réussirez toutes les recettes de ce livre… et beaucoup d'autres !

- De bons couteaux bien aiguisés pour faire de belles découpes bien nettes sont indispensables.
- Une plaque à pâtisserie : très utile pour cuire toute sorte de pâtes et des petits biscuits.
- Un robot mixeur : indispensable pour réaliser des terrines, des petites sauces et des dips.
- Des emporte-pièce : pour la découpe des pâtes (feuilletée, brisée, sablée ou autres), ils sont très utiles. Vous pouvez les remplacer par un verre ou un bol.
- Une poêle antiadhésive : pour la confection des feuilles de brick, il est essentiel d'avoir une bonne poêle antiadhésive.
- Un pinceau : pour badigeonner de jaune d'œuf vos préparations.
- Sacs congélation : ils sont très pratiques si vous n'avez pas de poche à douille. Vous découpez un coin du sac et le tour est joué !
- Film alimentaire : pour couvrir toutes vos verrines et plats afin de les empêcher de sécher ou de s'oxyder. Il vous simplifie aussi la vie au moment de rouler certaines préparations.
- Verrines : elles sont parfaites pour présenter des petites salades et autres compositions. Vous pouvez varier les formes et les tailles.
- Cuillères apéritives : idéales pour présenter certains mets et n'en faire qu'une bouchée !
- Poche à douille : pour farcir des petits choux et des légumes, pour façonner les choux ou les churros… Vous pouvez la remplacer par un sac congélation dont vous aurez coupé un coin.
- Rouleau à pâtisserie : un basique pour étaler les différentes pâtes.
- Piques en bois et brochettes : pour confectionner vos brochettes et boulettes.
- Différents moules en silicone : à tartelettes, à muffins, à cakes… pour vous faciliter le démoulage et varier les formes.

PLACARD

Il est toujours très utile d'avoir quelques aliments en conserves :

- Des pois chiches qui vous permettront de réaliser du hoummos ou des falafels en un tour de main.
- Du thon, des sardines et des anchois pour préparer des dips et des tartinades à l'improviste.
- Des épices : curcuma, curry, tandoori… pour assaisonner.

CONGÉLATEUR ET RÉFRIGÉRATEUR

- Ayez toujours de la pâte feuilletée (maison ou du commerce) pour réaliser tous les feuilletés et petites bouchées apéritives.
- Des herbes fraîches : quand c'est la saison, n'hésitez pas à congeler des mélanges d'herbes (ciboulette, persil...). Directement mis dans des petits sachets congélation, vous n'aurez plus qu'à les sortir au moment de cuisiner.
- Yaourts ou fromages blancs vous permettront de réaliser une petite sauce au fromage blanc et aux herbes rapidement et participeront également à l'élaboration de dips et autres petites tartinades.
- Fromages râpés et autres fromages : parfaits pour réaliser des petits feuilletés et autres mets.

• FAIT MAISON •

RECETTES DE BASE

Un peu d'organisation

Les bonnes quantités

Selon les situations, un apéritif qui précède un dîner ou un apéritif dînatoire, vous devez adapter les quantités proposées à vos invités.
Si l'apéritif précède le dîner, prévoyez, par personne, trois bouchées différentes (feuilletés, verrines, petits toasts…) accompagnées de fruits secs ou de bâtonnets de légumes à tremper dans une sauce.
Pour un apéritif dînatoire pour 4 personnes, prévoyez par exemple un pain surprise, deux sortes de verrines, deux cakes, des fruits secs, des petits toasts et des bâtonnets de légumes à tremper dans une sauce.

Les boissons

Pour les boissons, le choix est vaste. Pour les adultes, misez plutôt sur le champagne, rosé léger, le vin blanc moelleux d'Alsace, de la bière ou des cocktails. Pensez également à vos invités qui ne boivent pas d'alcool et proposez des cocktails sans alcool, des jus de fruits ou des smoothies.
Pour les enfants, privilégiez les jus de fruits frais, les sirops ou encore les smoothies. Selon la saison variez les fruits ; en automne et en hiver, associez la poire, la pomme et le jus de raisin. Pour un résultat plus vitaminé, pensez au kiwi, à la banane ou à l'orange. Au printemps et en été, misez sur les fruits exotiques : ananas, mangue, passion, pastèque, melon, fraise. Le tout est à servir bien frais avec des glaçons.

Thématisez !

Vous pouvez organiser votre apéritif autour d'un thème, que vous déclinerez dans votre décoration et dans les assiettes. Pour une thématique autour de la mer par exemple, proposez saumon, tarama, saint-jacques… et décorez votre buffet de galets, de sable coloré ou encore de petits coquillages…

Le tout est de prendre du plaisir à tout préparer et de s'amuser à régaler et à épater vos convives !

MAGRET DE CANARD SÉCHÉ

1 magret de canard • 800 g de gros sel • Thym • Laurier • 1 cuil. à soupe de mélange 5 baies • ½ cuil. à café de piment d'Espelette

1 Dans un plat, disposez un lit de gros sel (à peu près 400 g), puis déposez le magret côté peau.

2 Mélangez du thym et du laurier avec le reste de gros sel et recouvrez-en le côté chair du magret.

3 Placez le magret au frais de 24 à 48 h. Rincez-le puis séchez-le bien à l'aide de papier absorbant. Disposez les épices côté chair et enveloppez le magret dans un linge propre et sec.

4 Placez le magret au réfrigérateur et laissez-le sécher 2 à 3 semaines avant de le consommer.

CONSEIL PRATIQUE

Vous pouvez varier les épices et les herbes pour parfumer votre canard.

TERRINE DE FOIE GRAS AU PORTO

1 lobe de foie gras cru de 500 g • 1 cuil. à soupe de porto • Sel, poivre

Matériel
Terrine • Film étirable

1 Laissez le foie gras 1 h sur le plan de travail, à température ambiante.

2 Écartez les deux lobes de foie gras et, à l'aide d'un couteau, enlevez le nerf central. Ôtez les autres petits nerfs autour en faisant bien attention de ne pas réduire le foie en charpie.

3 Salez et poivrez les lobes. Disposez le plus gros lobe dans le fond d'une terrine allant au four à micro-ondes, ajoutez le porto, puis recouvrez du deuxième lobe.

4 Disposez la terrine recouverte de film percé de quelques trous au four à micro-ondes, et faites cuire 2 min 30. Ensuite, laissez reposer 2 min et remettez à cuire 1 min 30 supplémentaire. Vous pouvez enlever un peu d'excédent de gras. Attendez que la terrine refroidisse et mettez-la au frais une nuit avec un poids pour que le foie ne remonte pas.

TERRINE DE FOIES DE VOLAILLE

450 g de foies de volaille crus • 2 échalotes • 1 cuil. à soupe de calvados • 10 brins de ciboulette • 10 brins de persil • 100 g de chair à saucisse

Matériel
Mixeur • Terrine

1 Préchauffez le four à 180 °C (th. 6). Épluchez les échalotes. Dénervez les foies de volaille.

2 Placez les foies de volaille dans le bol du mixeur avec les échalotes, le calvados, la ciboulette, le persil et la chair à saucisse. Mixez finement la préparation.

3 Placez la préparation dans une terrine ou un bocal. Faites chauffer de l'eau et versez-la dans un plat allant au four. Disposez-y la terrine et faites cuire au bain-marie au four pendant 1 h.

4 Laissez refroidir la terrine et gardez-la au frais une nuit avant de la déguster.

PÂTÉ EN CROÛTE

Pour la garniture
400 g d'échine de porc • 200 g de blanquette de veau • 1 oignon • ½ cuil. à café de quatre-épices • 1 cuil. à café de paprika • 1 branche de thym • 2 feuilles de laurier • 2 pincées de piment d'Espelette • 15 cl de vin blanc

Pour la pâte
125 g de beurre mou • 250 g de farine • ½ cuil. à café de sel • 4 cuil. à soupe d'eau • 1 jaune d'œuf

Matériel
Moule à cake • Pinceau

1 Coupez la viande en petits morceaux ainsi que l'oignon épluché ; disposez-les dans un saladier, ajoutez les épices, les aromates et le vin, puis laissez mariner une nuit au réfrigérateur. Le lendemain, préchauffez le four à 180 °C (th. 6).

2 Préparez la pâte : dans un saladier, mélangez du bout des doigts le beurre, la farine et le sel. Ajoutez l'eau et formez une boule. Étalez la pâte en rectangle et disposez-la dans un moule à cake. Ajoutez la viande et l'oignon que vous aurez au préalable égouttés. Rabattez les pans de pâte.

3 À l'aide d'un couteau, découpez un petit morceau de pâte pour faire une cheminée. Badigeonnez de jaune d'œuf.

4 Enfournez pendant 1 h. Laissez tiédir et démoulez. Laissez refroidir complètement et mettez au frais une journée.

PÂTE FEUILLETÉE

Pour la pâte
200 g de farine • 50 g de beurre • 8 cl d'eau • 1 cuil. à café de sel

Pour le feuilletage
Un rectangle de 12 x 10 cm de 150 g de beurre bien froid

1 Préparez la pâte. Dans un saladier, mélangez la farine, le beurre, l'eau et le sel jusqu'à obtention d'une boule de pâte homogène. Taillez sur le dessus une croix à l'aide d'un couteau. Recouvrez de film alimentaire et réservez au frais 30 min.

2 Sortez la pâte, aplatissez-la à l'aide de la paume de vos mains puis avec un rouleau à pâtisserie. Laissez le centre légèrement rebondi.

3 Au centre, disposez le rectangle de beurre bien froid. Rabattez chaque côté. Retournez et farinez bien.

4 Étalez la pâte en rectangle. Il doit être 3 fois plus long que large. Tournez la pâte à l'horizontale et rabattez le côté droit puis le gauche. Mettez au frais 30 min. Farinez bien la pâte. Gardez votre rectangle de pâte dans le sens où vous l'avez mis au réfrigérateur. Étalez en un rectangle 3 fois plus long que large, faites pivoter la pâte horizontalement et rabattez le côté droit puis le gauche. Remettez au frais pour 1 h. Renouvelez la même opération 6 fois.

PÂTE BRISÉE

100 g de beurre mou • 150 g de farine blanche • 2 pincées de sel • 2 cuil. à soupe d'eau

Matériel
Film alimentaire

1 Péparez et pesez tous les ingrédients de la recette.

2 Sur le plan de travail, mélangez du bout des doigts le beurre mou avec la farine et le sel.

3 Une fois que la pâte est de consistance sableuse, ajoutez l'eau.

4 Mélangez jusqu'à obtenir une boule de pâte homogène. Recouvrez de film alimentaire et réservez au frais 30 min minimum.

• PAS À PAS •

PAIN

23 cl d'eau • 2 cuil. à soupe d'huile • 2 cuil. à soupe de sucre en poudre • 2 cuil. à soupe de lait en poudre • 1 sachet de levure de boulanger déshydratée • 1 cuil. à café de sel • 375 g de farine

Matériel
Machine à pain

1 Dans la cuve de la machine à pain, versez tous les ingrédients. Lancez le programme pâte seule.

2 Une fois le programme terminé, farinez vos mains et le plan de travail. Sortez la pâte et dégazez-la. Coupez-la en trois parts égales et malaxez-les 5 min.

3 À l'aide d'un rouleau à pâtisserie, étalez la première boule en longueur, pliez-la en deux et étalez à nouveau en longueur. Répétez l'opération 3 fois. Une fois aplatie en longueur, roulez la pâte en boudin. Faites de même avec les deux autres boules de pâte.

4 Disposez les baguettes sur une plaque à baguettes ou une plaque à pâtisserie. Préchauffez le four à 100 °C (th. 3-4), disposez de l'eau dans la lèchefrite et enfournez. Laissez gonfler pendant 30 min. Sortez les baguettes et préchauffez le four à 220 °C (th. 7). Enfournez pour 20 min. Sortez les baguettes et laissez-les refroidir à température ambiante.

FEUILLES DE BRICK

80 g de farine blanche • 2 cuil. à soupe de semoule extra-fine • 1 pincée de sel • 18 cl d'eau • Huile

Matériel
Pinceau

1 Dans un saladier, mélangez la farine, la semoule et la pincée de sel.

2 Ajoutez l'eau et mélangez vivement.

3 Faites chauffer une poêle antiadhésive bien huilée. À l'aide d'un pinceau, badigeonnez la poêle de pâte. Faites cuire à feu doux et décollez délicatement.

4 Réservez sur un torchon humide. Répétez l'opération avec le reste de pâte. N'hésitez pas à huiler la poêle entre chaque feuille.

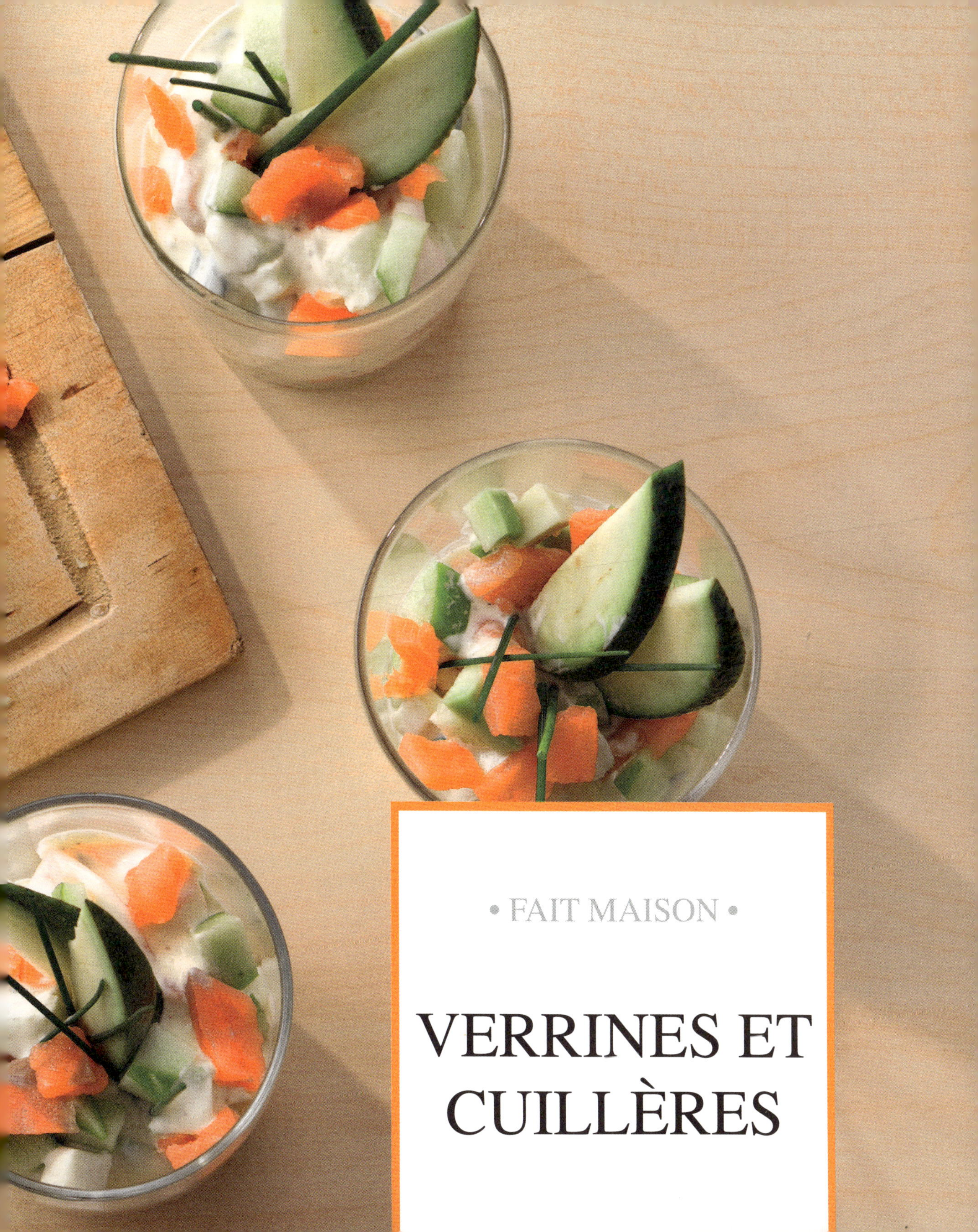

• FAIT MAISON •

VERRINES ET CUILLÈRES

FACILE

Pour **8** verrines
30 min de préparation
15 min de cuisson
Coût €€

VERRINES DE FOIE GRAS, COMPOTÉE DE POIRES ET PAIN D'ÉPICE

La compotée de poires
3 petites poires épluchées, épépinées et coupées en dés • 1 grosse pincée de sucre roux • 1 petite poignée de raisins secs

La crème de foie gras
½ bloc de foie gras • 1 cuil. à soupe de mascarpone • 2 cuil. à soupe de crème liquide entière

La chapelure
2 tranches de pain d'épice

Matériel
Mixeur • Poche à douille

1. Préparez la compotée de poires. Dans une casserole, faites cuire les poires avec le sucre, un peu d'eau et les raisins. Laissez compoter pendant 10 à 15 min, puis mixez le tout.

2. Pendant ce temps, préparez la crème de foie gras. Écrasez le demi-bloc de foie gras à la fourchette puis ajoutez le mascarpone et la crème. Mélangez énergiquement le tout et mettez dans la poche à douille. Placez au frais pendant 5 min.

3. Procédez au dressage des verrines. Dans le fond d'une verrine, disposez un morceau de pain d'épice, 1 cuil. à café de compotée de poires, puis la crème de foie gras.

4. Vous pouvez réaliser une chapelure de pain d'épice en faisant griller les tranches et en les passant au mixeur. Saupoudrez les verrines de cette chapelure pour la décoration. Mettez au frais jusqu'au moment de servir.

CONSEIL
Vous pouvez préparer la compotée de poires deux ou trois jours avant, et composer les verrines la veille pour le lendemain, à condition de couvrir chaque verrine de film alimentaire et de les conserver au réfrigérateur.

FACILE

Pour **16** verrines
15 min de préparation
Coût €

VERRINES DE SAUMON, AVOCAT ET POMME VERTE

4 petites tranches de saumon fumé • 1 avocat • ½ pomme granny-smith • 1 petit pot de crème épaisse à 3 % de MG • 2 cuil. à soupe de jus de citron • 1 bonne cuil. à soupe de ciboulette

1. Épluchez et coupez en dés l'avocat et la pomme, puis citronnez-les légèrement. Détaillez le saumon en dés.

2. Dans un saladier, mélangez la crème, le jus de citron restant, la ciboulette ciselée, l'avocat, la pomme et le saumon. Mélangez bien et disposez dans des verrines.

3. Conservez au frais jusqu'au moment de servir.

CONSEIL

Vous pouvez réaliser vos verrines 1 h à l'avance.

FACILE

Pour **4** verrines
15 min de préparation
2 min de cuisson
Coût €

VERRINES FRAÎCHEUR

2 poignées de salade • 2 pétales de tomate séchée • 3 abricots secs • ½ poire • 1 cuil. à soupe de pignons de pin • 2 tranches de jambon cru • 1 cuil. à café de pesto roquette et noix • 1 cuil. à soupe de vinaigre de xérès • 2 cuil. à soupe d'huile d'olive • Quelques copeaux de parmesan

1. Dans un saladier, mélangez la salade. Coupez en dés les pétales de tomate séchée, les abricots et la demi-poire. Ajoutez-les à la salade ainsi que les pignons de pin.

2. Entre deux feuilles de papier absorbant, disposez les tranches de jambon cru et mettez au four à micro-ondes 2 min. Découpez les tranches en morceaux et disposez-les sur la salade.

3. Préparez la vinaigrette. Dans un bol, mélangez le pesto de roquette et noix avec le vinaigre de xérès et l'huile d'olive. Mélangez bien et versez sur la salade.

4. Ajoutez quelques copeaux de parmesan, mélangez et disposez dans les verrines.

CONSEIL

Vous pouvez préparer la salade et la vinaigrette à part quelques heures à l'avance et servir au dernier moment.

FACILE

Pour **6** verrines
10 min de préparation
1 h de réfrigération
Coût €

VERRINES DE CŒURS DE PALMIER ET RÂPÉ DE SURIMI

3 cœurs de palmier • 1 cornichon • 3 brins de persil • Quelques gouttes de vinaigre blanc • 1 cuil. à café d'huile d'olive • 100 g de surimi râpé • 3 cuil. à café de mayonnaise • ¼ de cuil. à café de curcuma en poudre

1. Émincez finement les cœurs de palmier, le cornichon et le persil à l'aide d'un couteau. Disposez le tout dans un bol et assaisonnez avec le vinaigre et l'huile.

2. Dans un autre bol, mélangez le râpé de surimi, la mayonnaise et le curcuma.

3. Disposez dans les verrines 1 cuil. à soupe de chaque préparation. Conservez au frais 1 h avant le service.

CONSEIL
Les verrines peuvent se préparer 1 à 2 h avant le service, à condition de bien les couvrir de film alimentaire.

FACILE

Pour **12** cuillères
30 min de préparation
20 min de cuisson
Coût €

CRUMBLE COURGETTE-CHÈVRE

1 courgette • 1 cuil. à soupe d'huile d'olive • 60 g de farine • 20 g de beurre mou • 15 g de parmesan râpé • 2 cuil. à café d'eau • 1 crottin de chèvre

1. Épluchez, lavez et coupez la courgette en petits dés. Dans une poêle, faites chauffer l'huile d'olive et faites-y cuire les dés de courgette 10 min sur feu vif en remuant bien.

2. Préparez le crumble. Dans un saladier, mélangez du bout des doigts la farine, le beurre, le parmesan et l'eau.

3. Préchauffez le four à 180 °C (th. 6). Une fois que vous avez obtenu une pâte de consistance sableuse, mettez-la dans un plat allant au four et faites cuire de 10 à 15 min.

4. Pendant ce temps, placez la courgette dans des petites cuillères ou des ramequins. Coupez le crottin de chèvre en petits dés, disposez-les sur le dessus de la courgette, ajoutez le crumble chaud et servez aussitôt.

CONSEIL

Le crumble peut se servir chaud, tiède ou encore froid. Vous pouvez tout préparer à l'avance et faire l'assemblage au dernier moment.

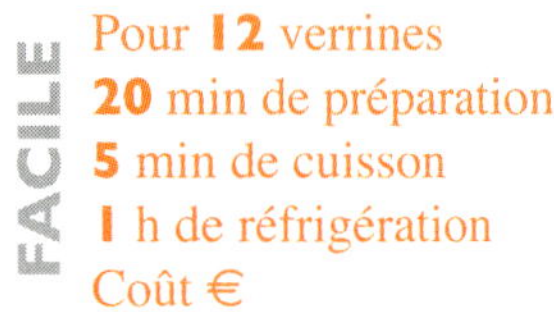

FACILE

Pour **12** verrines
20 min de préparation
5 min de cuisson
1 h de réfrigération
Coût €

VERRINES POIRE, ROQUEFORT ET JAMBON CRU

3 poires • 2 cuil. à café de sucre en poudre • ½ cuil. à soupe d'huile d'olive • ½ roquefort • 10 cuil. à soupe de crème liquide entière • 6 tranches de jambon cru

Matériel
Mixeur

1. Épluchez et épépinez les poires. Faites chauffer l'huile dans une poêle et faites-y compoter les poires avec le sucre pendant 5 min. Réservez sur une assiette.

2. Coupez en morceaux le roquefort, disposez ces derniers dans le mixeur avec la crème et mixez jusqu'à l'obtention d'une préparation homogène.

3. Coupez le jambon cru en morceaux.

4. Dans les verrines, disposez les poires, 2 cuil. à café de crème de roquefort et parsemez de jambon cru. Mettez au frais 1 h avant de servir.

CONSEIL
Les verrines peuvent se préparer le matin pour le soir.

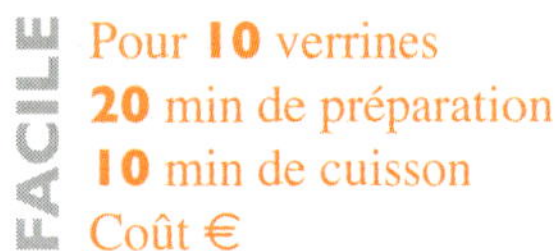

VERRINES DUO DE CHOU-FLEUR ET BETTERAVE

250 g de chou-fleur • 250 g de betterave cuite • 1 petit-suisse • 1 cuil. à soupe de persil • 1 pincée de cumin en poudre • 1 cuil. à soupe de ricotta • 2 cuil. à soupe de crème liquide • 1 cuil. à café de jus de citron • 4 pincées de curry en poudre • 1 cuil. à soupe de ciboulette hachée + pour la décoration • 1 cuil. à soupe de graines de sésame noir • Sel

Matériel
Mixeur

1. Faites bouillir une casserole d'eau et faites cuire le chou-fleur 10 min. Égouttez-le et laissez-le refroidir.

2. Dans le bol du mixeur, placez la betterave, le petit-suisse, le persil et le cumin puis mixez jusqu'à ce que la préparation soit lisse. Transvasez la préparation dans un bol et réservez-la au frais.

3. Quand le chou-fleur est refroidi, placez-le dans le bol du mixeur avec la ricotta, la crème, le jus de citron, le curry, du sel et la ciboulette. Mixez le tout jusqu'à l'obtention d'une préparation lisse.

4. Dans des verrines, disposez une couche de crème à la betterave puis la crème au chou-fleur. Pour la décoration, parsemez de graines de sésame noir et de ciboulette ciselée.

5. Conservez au frais jusqu'au moment de servir.

CONSEIL
Les verrines peuvent se préparer la veille, à condition de les protéger avec du film alimentaire et de les conserver au frais.

• FAIT MAISON •

CAKES, GALETTES ET TARTELETTES

FACILE

Pour **6** personnes
15 min de préparation
45 min à **1** h de cuisson
Coût €

CAKE POIRE-CHORIZO

200 g de farine • 3 œufs • 10 cl d'huile d'olive • 10 cl de lait écrémé • 1 sachet de levure chimique • 1 chorizo • 2 poires

1. Préchauffez le four à 180 °C (th. 6).

2. Dans un saladier, mélangez la farine et les œufs, puis ajoutez l'huile, le lait et la levure. Coupez le chorizo et les poires épluchées en petits morceaux puis ajoutez-les à la préparation.

3. Versez la pâte dans un moule à cake et enfournez pour 45 min à 1 h de cuisson.

4. Démoulez le cake puis laissez-le refroidir sur une grille avant de le placer au réfrigérateur. Dégustez-le froid (sortez-le du réfrigérateur 20 min avant dégustation).

CONSEILS

Ce cake peut se préparer jusqu'à trois jours à l'avance, à condition de le conserver dans du film alimentaire ou une boîte hermétique. Il peut également se congeler pendant plusieurs mois. Pour le déguster, laissez-le décongeler la veille au réfrigérateur.

FACILE

Pour **6** personnes
20 min de préparation
45 min à **1** h de cuisson
Coût €€

CAKE MAGRET DE CANARD, ÉCHALOTE ET CHEDDAR

2 œufs • 15 cl de lait • 2 cuil. à soupe d'huile de colza • 200 g de farine • 1 sachet de levure chimique • 3 échalotes finement ciselées • 90 g de magret de canard fumé • 2 tranches de cheddar • 1 cuil. à soupe de persil • Sel, poivre

1. Préchauffez le four à 180 °C (th. 6).

2. Battez les œufs dans un saladier. Ajoutez le lait et l'huile, puis progressivement la farine et la levure chimique. Une fois le tout bien mélangé, ajoutez les échalotes ciselées, le magret de canard coupé en morceaux, le cheddar émietté, le persil et enfin du sel et du poivre.

3. Versez la pâte dans un moule à cake et enfournez pour 45 min à 1 h de cuisson. Démoulez le cake puis laissez-le refroidir sur une grille avant de le placer au réfrigérateur. Dégustez-le froid (sortez-le du réfrigérateur 20 min avant dégustation).

CONSEILS

Ce cake peut se préparer jusqu'à trois jours à l'avance, à condition de le conserver dans du film alimentaire ou dans une boîte hermétique. Il peut également se congeler pendant plusieurs mois. Pour le déguster, laissez-le décongeler la veille au réfrigérateur.

FACILE

Pour **6** personnes
15 min de préparation
45 min à **1** h de cuisson
Coût €€

CAKE TRUITE FUMÉE ET FETA

2 œufs • 150 g de farine blanche • 50 g de farine complète (T110) • ½ sachet de levure chimique • 15 cl de lait • 5 cl d'huile d'olive • 5 cl de vin blanc • 120 g de truite fumée • 120 g de feta • 1 cuil. à café rase d'aneth ciselé

1. Préchauffez le four à 180 °C (th. 6).

2. Dans un saladier, fouettez les œufs puis ajoutez les farines et la levure. Délayez avec le lait, l'huile et le vin blanc. Une fois la pâte homogène, ajoutez la truite fumée détaillée en morceaux, la feta émiettée et l'aneth. Mélangez bien.

3. Versez la pâte dans un moule à cake et enfournez pour 45 min à 1 h de cuisson. Laissez le cake refroidir sur une grille et dégustez-le à température ambiante.

CONSEILS

Ce cake peut se préparer jusqu'à trois jours à l'avance, à condition de le conserver dans du film alimentaire ou dans une boîte hermétique. Il peut également se congeler pendant plusieurs mois. Pour le déguster, laissez-le décongeler la veille au réfrigérateur.

FACILE

Pour **6** personnes
20 min de préparation
45 min à **1** h de cuisson
Coût €

PAIN DE THON

2 œufs • 3 cuil. à soupe de son de blé • 1 boîte de thon (185 g) • 1 petite boîte de sardines à la tomate (78 g) • 75 g d'olives noires • 1 morceau de comté râpé (selon les goûts) • ¼ de zeste de citron • 130 g de farine • 1 cuil. à café de levure chimique • 20 cl de lait

1. Préchauffez le four à 180 °C (th. 6).

2. Dans un saladier, fouettez les œufs avec le son de blé, puis ajoutez le thon, les sardines émiettées, les olives, le comté et le zeste de citron haché. Mélangez bien et incorporez délicatement la farine avec la levure, puis délayez avec le lait. Mélangez jusqu'à ce que le tout soit bien homogène.

3. Versez la pâte dans un moule à cake et enfournez pour 45 min à 1 h de cuisson. Démoulez le cake et servez-le tiède ou froid.

CONSEIL

Vous pouvez confectionner le pain de thon la veille pour le lendemain.

FACILE

Pour **20** galettes
15 min de préparation
10 min de cuisson
Coût €

GALETTES DE POMME DE TERRE, CAROTTE ET PARMESAN

350 g de pommes de terre déjà cuites sans la peau • 1 carotte • 1 œuf • 1 gousse d'ail • 50 g de parmesan • 1 cuil. à soupe de persil • 3 cuil. à soupe d'huile d'olive

Matériel
Mixeur

1. Dans un saladier, écrasez les pommes de terre en purée. Épluchez et mixez finement la carotte et ajoutez-la aux pommes de terre. Ajoutez l'œuf, la gousse d'ail épluchée et écrasée, le parmesan et le persil.

2. Formez des petites galettes et réservez-les dans une assiette.

3. Faites chauffer l'huile d'olive dans une poêle et faites cuire les galettes 5 min de chaque côté. Réservez sur du papier absorbant et servez chaud.

CONSEILS

La carotte peut être remplacée par un autre légume, comme la courgette. Vous pouvez façonner vos galettes quelques heures avant de les cuire.

FACILE

Pour **20** galettes
20 min de préparation
10 min de cuisson
Coût €

GALETTES DE LENTILLES MENTHE-CURCUMA

135 g de lentilles vertes • 1 carotte • 75 g de lardons • ½ cuil. à café de curcuma en poudre • 1 œuf • 1 cuil. à soupe de farine • 1 branche de menthe fraîche • 3 cuil. à soupe de chapelure • 5 cuil. à soupe d'huile d'olive

Matériel
Mixeur

1. Faites cuire les lentilles 30 min dans une casserole d'eau bouillante. Épluchez et lavez la carotte. Mixez-la et faites-la revenir dans une poêle avec 1 cuil. à soupe d'huile d'olive. Ajoutez les lardons, les lentilles cuites et le curcuma. Faites cuire 10 min supplémentaires.

2. Disposez la préparation dans un saladier, ajoutez l'œuf, la farine et la menthe ciselée. Mélangez bien.

3. Prenez une noix de préparation, roulez-la et aplatissez-la en galette. Passez celle-ci dans la chapelure et réservez. Faites de même avec le reste de la préparation.

4. Dans une poêle, faites chauffer les 4 cuil. à soupe d'huile restantes et faites dorer les galettes 5 min de chaque côté. Servez bien chaud.

CONSEIL
Vous pouvez réaliser les galettes à l'avance et les réchauffer au four à micro-ondes.

FACILE

Pour **8** crab cakes
15 min de Préparation
5 min de cuisson
Coût €€

CRAB CAKES

150 g de chair de crabe • 1 œuf battu • 5 cuil. à soupe de chapelure • 1 cuil. à soupe de sauce Worcestershire (sauce anglaise) • 1 cuil. à soupe de mayonnaise • 2 pincées de basilic séché ou frais • 2 pincées de persil séché ou frais • 2 cuil. à soupe d'huile d'olive

1. Égouttez la chair de crabe et disposez-la dans un saladier. Ajoutez l'œuf, 4 cuil. à soupe de chapelure, la sauce Worcestershire, la mayonnaise et les herbes. Mélangez bien.

2. Prenez un peu de farce dans vos mains et façonnez des boulettes. Passez-les dans la chapelure restante (vous pouvez les aplatir à ce moment-là si vous souhaitez des petits palets).

3. Dans une poêle, faites chauffer l'huile et faites-y cuire les palets 2 à 3 min sur chaque face. Égouttez-les sur du papier absorbant.

4. Servez chaud avec une petite sauce (2 cuil. à soupe de ketchup et 2 cuil. à soupe de mayonnaise, mélangez et c'est prêt).

CONSEIL

Vous pouvez réaliser les crab cakes quelques heures à l'avance, mais passez-les dans la chapelure au dernier moment, juste avant la cuisson.

FACILE

Pour **20** tartelettes
20 min de préparation
10 min de cuisson
Coût €€

TARTELETTES AU BLEU ET AUX POIRES

1 pâte feuilletée maison (voir page 18) ou du commerce • ½ fromage bleu • 2 poires

Matériel
Emporte-pièce rond (facultatif)

1. Préchauffez le four à 180 °C (th. 6).

2. Étalez la pâte feuilletée au rouleau à pâtisserie. À l'aide de l'emporte-pièce ou d'un verre, découpez des ronds de pâte et disposez-les sur une plaque à pâtisserie.

3. Épluchez les poires et découpez-les en lamelles. Disposez-les en rosace sur la pâte et parsemez de tranches de bleu.

4. Enfournez pour 10 min de cuisson. Servez chaud.

CONSEILS
Vous pouvez préparer les tartelettes le matin pour le soir et les cuire au dernier moment. Vous pouvez également les congeler avant cuisson.

FACILE

Pour **12** tartelettes
20 min de préparation
20 min de cuisson
Coût €€

TARTELETTES POIREAU-SAUMON

1 pâte feuilletée maison (voir page 18) ou du commerce • 1 gros poireau • 1 cuil. à soupe d'huile d'olive • 1 cuil. à soupe de mascarpone • 1 tranche de saumon fumé

Matériel
Emporte-pièce rond

1. Préchauffez le four à 180 °C (th. 6). Étalez la pâte feuilletée au rouleau à pâtisserie. Lavez et émincez le poireau finement, puis rincez-le soigneusement.

2. Dans une poêle, faites chauffer l'huile d'olive et faites revenir le poireau 5 min en versant un peu d'eau si nécessaire. Ajoutez ensuite le mascarpone et le saumon fumé coupé en morceaux. Laissez cuire 5 min.

3. À l'aide de l'emporte-pièce, découpez des petits ronds de pâte et disposez-les sur une plaque à pâtisserie. Répartissez la préparation saumon-poireau sur chaque rond de pâte.

4. Enfournez pour 10 min de cuisson et servez chaud.

CONSEIL
Vous pouvez réaliser la préparation à base de poireau et saumon la veille et cuire les tartelettes au dernier moment.

FACILE

Pour **12** tartelettes
30 min de préparation
30 min de cuisson
Coût €

TARTELETTES DE BOUDIN BLANC AUX POMMES

3 pommes • 2 échalotes • 20 g de beurre • 1,5 cuil. à soupe de sucre en poudre • 1 cuil. à soupe de calvados • 1 cuil. à café de vinaigre balsamique • 20 g de raisins secs • 3 boudins blancs au porto • 1 cuil. à soupe d'huile d'olive • 1 pâte feuilletée maison (voir page 18) ou du commerce • Persil • Sel, poivre

Matériel
Emporte-pièce rond ou carré

1. Épluchez et épépinez les pommes, puis coupez-les en petits dés. Épluchez et coupez en dés les échalotes. Dans une poêle, faites fondre le beurre, ajoutez les dés de pomme, les échalotes et le sucre, puis faites caraméliser pendant 2 à 3 min. Déglacez avec le calvados et le vinaigre balsamique, puis faites flamber. Laissez compoter 10 min.

2. Mettez les raisins secs dans un bol avec 2 cuil. à soupe d'eau et faites réhydrater 1 min au four à micro-ondes, puis égouttez.

3. Retirez la peau des boudins et coupez-les en tranches. Dans une poêle, faites chauffer l'huile puis faites-y revenir les tranches de boudin sur toutes leurs faces. Réservez. Préchauffez le four à 180 °C (th. 6).

4. Étalez la pâte feuilletée et, à l'aide de l'emporte-pièce, découpez des cercles ou des carrés. Disposez-les sur une plaque à pâtisserie et, sur chaque fond de tarte, étalez un peu de compote, mettez quelques raisins et quelques tranches de boudin. Salez, poivrez et enfournez pour 10 min de cuisson.

5. À la sortie du four, parsemez d'un peu de persil ciselé et servez chaud.

CONSEIL
Vous pouvez préparer les tartelettes quelques heures à l'avance et les cuire au dernier moment.

FACILE

Pour **10** tartelettes
20 min de préparation
50 min de cuisson
Coût €€

TARTELETTES AU CHÈVRE ET COMPOTÉE D'OIGNONS

*2 oignons rouges • 1 cuil. à soupe d'huile d'olive • 5 cl de vin rouge • 5 cl de vinaigre balsamique • 2 cuil. à soupe de sucre en poudre • 2 pincées de quatre-épices • 1 pâte brisée maison (**voir page 19**) ou du commerce • 1 bûche de chèvre*

Matériel
Emporte-pièce rond

1. Préchauffez le four à 180 °C (th. 6). Épluchez et émincez les oignons.

2. Dans une poêle, faites chauffer l'huile puis faites-y revenir les oignons. Quand ils commencent à devenir translucides, ajoutez le vin rouge, le vinaigre, 5 cl d'eau, le sucre et le quatre-épices, puis laissez mijoter 30 min.

3. Pendant ce temps, étalez la pâte brisée au rouleau à pâtisserie et, à l'aide de l'emporte-pièce, découpez des ronds de pâte. Disposez-les sur une plaque à pâtisserie.

4. Sur chaque rond de pâte, déposez 1 cuil. à soupe de compotée d'oignons et 1 rondelle de chèvre. Enfournez pour 20 min de cuisson.

CONSEIL
Vous pouvez réaliser vos tartelettes quelques heures à l'avance et les faire cuire au dernier moment.

FACILE

Pour **6** tatins
15 min de préparation
20 min de cuisson
Coût €€

TATIN DE TOMATE CERISE ET PESTO DE ROQUETTE

30 g de roquette • 1 gousse d'ail • 30 g de noix • 15 g de parmesan • 4 cuil. à soupe d'huile d'olive • 1 pâte feuilletée maison (voir page 18) ou du commerce • 12 tomates cerise

Matériel
Mixeur • Emporte-pièce rond • Moules à tartelettes ou moules à muffins

1. Préchauffez le four à 180 °C (th. 6).

2. Faites chauffer de l'eau et plongez-y la roquette 30 sec. Placez-la dans le bol du mixeur, mixez puis ajoutez l'ail épluché, les noix et le parmesan. Mixez bien et versez l'huile d'olive. Continuez de mixer afin d'obtenir un mélange lisse et homogène.

3. Étalez la pâte feuilletée au rouleau et, à l'aide de l'emporte-pièce, découpez des ronds de pâte.

4. Dans des moules à tartelettes ou des moules à muffins, disposez 2 tomates cerise coupées en deux, ajoutez 1 cuil. à café de pesto et finissez par un morceau de pâte feuilletée.

5. Enfournez pour 20 min de cuisson et servez chaud.

CONSEIL
Vous pouvez préparer vos tartelettes quelques heures à l'avance et les cuire au dernier moment.

FACILE

Pour **6** mini-quiches
20 min de préparation
30 min de cuisson
Coût €

QUICHES CAROTTE-OIGNON

1 pâte brisée maison (voir page 19) ou du commerce • 2 carottes • 1 oignon • 2 œufs • 5 cl de crème liquide • 15 cl de lait • 1 pincée de noix de muscade • Emmental râpé • Sel, poivre

Matériel
Mixeur • Moules à muffins ou à tartelettes

1. Préchauffez le four à 180 °C (th. 6). Aplatissez la pâte brisée au rouleau à pâtisserie et disposez-la dans les moules à tartelettes.

2. Épluchez et mixez les carottes. Épluchez et émincez finement l'oignon.

3. Dans un saladier à bec verseur de préférence (plus facile pour répartir ensuite la crème), mélangez les œufs, la crème, le lait, la noix de muscade, du sel et du poivre.

4. Répartissez les carottes et l'oignon dans les moules, sur la pâte. Versez la préparation à base de crème et parsemez d'emmental râpé.

5. Enfournez pour 30 min de cuisson. Laissez reposer 5 à 10 min avant de démouler et servez les mini-quiches chaudes ou tièdes.

CONSEIL
Vous pouvez réaliser les quiches à l'avance, les cuire et les congeler puis les réchauffer au dernier moment.

FACILE

Pour **15** mini-bouchées
30 min de préparation
20 min de cuisson
Coût €€

BOUCHÉES AUX FRUITS DE MER

1 petit oignon • 1 cuil. à soupe d'huile d'olive • 150 g de fruits de mer surgelés • 2 cuil. à soupe de vin blanc • 1 cuil. à soupe de mascarpone • 1 cuil. à soupe de crème fraîche liquide • 3 cuil. à soupe de fromage blanc • 1 cuil. à soupe bombée de fécule de maïs, à diluer dans 4 cuil. à soupe d'eau froide • 1 pâte feuilletée maison (voir page 18) ou du commerce

Matériel
Moules à muffins ou à tartelettes • Emporte-pièce rond

1. Préchauffez le four à 180 °C (th. 6). Épluchez et émincez l'oignon.

2. Dans une casserole, faites chauffer l'huile. Faites-y revenir l'oignon. Ajoutez les fruits de mer et faites cuire 10 min. Versez le vin blanc et remuez bien pour récupérer tous les sucs de cuisson. Ajoutez le mascarpone, la crème et le fromage blanc puis laissez cuire 20 min à petits frémissements. Ajoutez la fécule de maïs et laissez épaissir.

3. Étalez la pâte feuilletée au rouleau à pâtisserie. A l'aide de l'emporte-pièce, découpez des petits ronds de pâte, disposez-les dans des moules à muffins ou à tartelettes, faites cuire 10 min à blanc.

4. Déposez 1 cuil. à soupe de préparation dans chaque moule et enfournez à nouveau pour 5 min de cuisson.

CONSEIL
Vous pouvez réaliser ces bouchées à l'avance et les réchauffer au four.

• FAIT MAISON •

BRICKS, FEUILLETÉS ET FRITURES

FACILE

Pour **12** palmiers
10 min de préparation
30 min à **1** h de réfrigération
15 min de cuisson
Coût €

PALMIERS JAMBON-FROMAGE

1 pâte feuilletée maison (voir page 18) ou du commerce • 1 petite boîte de concentré de tomates • 4 tranches de jambon • 150 g de gruyère râpé

1. Étalez la pâte feuilletée en un carré de 20 cm de côté et recouvrez de concentré de tomates. Disposez les tranches de jambon sur la pâte et parsemez de fromage râpé.

2. Roulez un premier côté de pâte bien serré, jusqu'à la moitié, puis l'autre moitié. Mettez au frais de 30 min à 1 h. Préchauffez ensuite le four à 180 °C (th. 6).

3. À l'aide d'un couteau bien aiguisé, coupez la pâte en tranches pour obtenir des palmiers, puis disposez-les sur une plaque à pâtisserie et enfournez pour 10 à 15 min de cuisson.

4. Sortez du four, décollez les palmiers de la plaque et servez chaud.

CONSEIL

Vous pouvez réaliser le rouleau de pâte la veille ou découper la pâte en tronçons et les congeler avant cuisson.

FACILE

Pour **12** palmiers
15 min de préparation
30 min à **1** h de réfrigération
15 min de cuisson
Coût €€

PALMIERS CHORIZO-COMTÉ

4 pétales de tomate séchée • 2 cuil. à soupe de concentré de tomates • 1 pâte feuilletée maison (voir page 18) ou du commerce • 18 tranches de chorizo très fines (achetées à la coupe) • 4 poignées de comté râpé

Matériel
Mixeur

1 Dans le bol du mixeur, mixez les pétales de tomate séchée et le concentré de tomates. Réservez dans un bol.

2 Étalez la pâte feuilletée (attention à ne surtout pas en faire une boule) en un rectangle de 30 cm x 20 cm. Étalez dessus la sauce à base de tomate séchée et de concentré de tomates, puis disposez les tranches de chorizo et parsemez le tout de comté râpé.

3 Roulez un premier côté de pâte bien serré, jusqu'à la moitié, puis l'autre moitié. Mettez au frais de 30 min à 1 h. Préchauffez ensuite le four à 180 °C (th. 6).

4 À l'aide d'un couteau bien aiguisé, coupez les palmiers, disposez-les sur une plaque à pâtisserie et enfournez pour 10 à 15 min de cuisson. Sortez du four, décollez de la plaque et servez chaud.

CONSEIL
Vous pouvez réaliser le rouleau de pâte la veille ou découper la pâte en tronçons et les congeler.

FACILE

Pour **10** feuilletés
10 min de préparation
30 min à **1** h de réfrigération
15 min de cuisson
Coût €€

FEUILLETÉS D'ESCARGOT EN PERSILLADE

20 escargots de Bourgogne • 25 g de beurre • ½ bouquet de persil plat • 2 gousses d'ail • ½ pâte feuilletée maison (voir page 18) ou du commerce

Matériel
Mixeur

1. Disposez dans le bol du mixeur les escargots, le beurre, le persil et les gousses d'ail épluchées. Mixez jusqu'à obtention d'une préparation fine et homogène.

2. Étalez la préparation sur la pâte feuilletée, roulez celle-ci et mettez au frais pendant 30 min à 1 h.

3. Préchauffez le four à 180 °C (th. 6). Sortez la pâte, découpez-la en tranches et disposez-les sur une plaque à pâtisserie. Enfournez pour 15 min de cuisson. Sortez du four, décollez de la plaque et servez chaud.

CONSEIL
Vous pouvez réaliser le rouleau de pâte la veille ou découper la pâte en tronçons et les congeler.

FACILE

Pour **6** rouleaux
10 min de préparation
20 min de cuisson
Coût €

ROULEAUX CROUSTILLANTS POIREAU-CHÈVRE

1 poireau • 1 cuil. à soupe d'huile d'olive • 1 cuil. à soupe de vin blanc • 1 cuil. à soupe de ricotta • ¼ de cuil. à café de curry en poudre • 3 feuilles de brick maison (voir page 21) ou du commerce • 6 tranches de fromage de chèvre

1. Émincez et lavez le poireau.

2. Dans une poêle, faites chauffer l'huile et faites revenir le poireau 5 min. Déglacez avec le vin blanc, puis ajoutez la ricotta et le curry. Poursuivez la cuisson quelques minutes.

3. Préchauffez le four à 180 °C (th. 6).

4. Étalez les feuilles de brick et coupez-les en deux, puis à nouveau en deux. Au milieu de chaque quart, disposez 1 cuil. à café de poireau et 1 rondelle de chèvre coupée en trois. Roulez et disposez sur une plaque à pâtisserie.

5. Enfournez pour 10 min de cuisson et servez chaud.

CONSEILS

Vous pouvez préparer les croustillants quelques heures à l'avance et les cuire au dernier moment. Ils se réchauffent aussi très bien.

FACILE

Pour **14** roulés
30 min de préparation
30 min à **1** h de réfrigération
15 min de cuisson
Coût €

ROULÉS AU PESTO

11 g de basilic frais • 1 cuil. à soupe de pignons de pin • 2 gousses d'ail • 15 g de parmesan râpé • 3 cuil. à soupe d'huile d'olive • 1 pâte feuilletée maison (voir page 18) ou du commerce • 1 poignée d'emmental râpé

Matériel
Mixeur • Film alimentaire

1. Préparez le pesto. Dans le bol du mixeur, mixez le basilic et les pignons de pin. Ajoutez les gousses d'ail épluchées et écrasées. Repassez un petit coup de mixeur, transvasez le mélange obtenu dans un bol puis ajoutez le parmesan et l'huile d'olive. Mélangez bien.

2. Étalez la pâte feuilletée (attention à ne surtout pas en faire une boule) en un rectangle de 30 cm x 20 cm, puis étalez le pesto et parsemez de fromage râpé. Roulez la pâte en serrant bien. Emballez-la dans du film alimentaire et placez au frais pendant 30 min à 1 h.

3. Préchauffez le four à 180 °C (th. 6).

4. À l'aide d'un couteau bien aiguisé, découpez des petits tronçons de pâte de 1 cm d'épaisseur, placez-les sur une plaque à pâtisserie et enfournez pendant 15 min. Sortez-les du four et servez aussitôt.

CONSEIL
Vous pouvez réaliser le rouleau de pâte la veille ou découper la pâte en tronçons et les congeler, avant cuisson.

FACILE

Pour **12** croissants
20 min de préparation
10 à **15** min de cuisson
Coût €

CROISSANTS AU FROMAGE FRAIS

150 g de fromage frais (type Carré Frais) • 1 cuil. à soupe de persil et de ciboulette hachés • 1 cuil. à soupe de graines de sésame • 1 pâte feuilletée maison (voir page 18) ou du commerce • 12 pincées de fromage râpé

1. Dans un bol, mélangez le fromage frais avec le persil, la ciboulette et les graines de sésame. Réservez.

2. Préchauffez le four à 180 °C (th. 6).

3. Étalez la pâte feuilletée en rond. Découpez celle-ci en 12 triangles égaux, comme si vous coupiez une tarte. Sur le côté opposé à la pointe, déposez un peu de préparation et du fromage râpé.

4. Roulez chaque triangle sur lui-même pour former des petits croissants. Déposez-les sur une plaque à pâtisserie et enfournez pour 10 à 15 min de cuisson. Servez chaud.

CONSEIL

Vous pouvez préparer ces petits croissants à l'avance, les rouler et les congeler pour les sortir au dernier moment.

FACILE

Pour **20** feuilletés
10 min de préparation
5 min de cuisson
Coût €

FEUILLETÉS EMMENTAL, PAVOT ET SÉSAME

1 pâte feuilletée maison (voir page 18) ou du commerce • Emmental râpé • Graines de sésame et de pavot

Matériel
Emporte-pièce de la forme de votre choix (rond, carré, losange, étoile, etc.)

1. Préchauffez le four à 180 °C (th. 6).

2. Étalez la pâte feuilletée au rouleau à pâtisserie, puis, à l'aide de l'emporte-pièce, découpez la pâte.

3. Disposez les morceaux de pâte sur une plaque à pâtisserie et parsemez de fromage râpé et de graines de sésame et de pavot. Enfournez pour 5 min de cuisson et servez chaud.

CONSEIL
Vous pouvez réaliser les feuilletés quelques heures à l'avance ou les congeler et les cuire au dernier moment.

FACILE

Pour **9** feuilletés
10 min de préparation
10 min de cuisson
Coût €€

FEUILLETÉS D'ESCARGOT AU MUNSTER

1 pâte feuilletée maison (voir page 18) ou du commerce • 9 escargots lavés et égouttés • 90 g de munster • 9 cuil. à café de crème liquide

Matériel
Emporte-pièce rond • Moules en silicone

1. Préchauffez le four à 180 °C (th. 6).

2. À l'aide de l'emporte-pièce, découpez des petits ronds de pâte feuilletée. Disposez-les dans les moules en silicone. Déposez au centre de chacun 1 escargot, 1 morceau de munster (10 g) et 1 cuil. à café de crème.

3. Enfournez pour 10 min de cuisson. Servez bien chaud.

CONSEIL
Vous pouvez réaliser ces petits feuilletés à l'avance, les cuire au dernier moment ou les congeler.

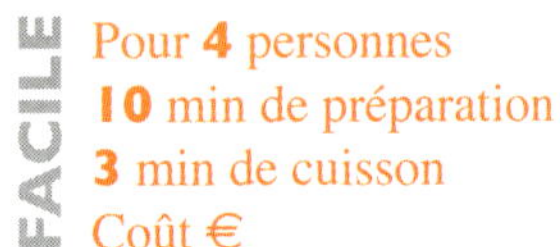

OIGNONS FRITS TANDOORI

1 oignon • 1 œuf • 2 cuil. à soupe de chapelure • 2 cuil. à soupe de farine • 2 cuil. à café d'épices tandoori • Mayonnaise • Ketchup • Huile de friture

Matériel
Friteuse

1. Faites chauffer l'huile dans la friteuse. Épluchez l'oignon et coupez-le en rondelles épaisses.

2. Dans un bol, fouettez l'œuf. Dans une assiette, mélangez la chapelure, la farine et les épices. Trempez les rondelles d'oignon dans l'œuf puis passez-les dans le mélange farine-chapelure-épices.

3. Quand l'huile est bien chaude, faites frire les rondelles d'oignon 2 à 3 min, sortez-les et égouttez-les sur du papier absorbant.

4. Servez chaud avec de la mayonnaise et du ketchup.

CONSEIL
Les oignons frits ne peuvent pas se préparer à l'avance.

FACILE

Pour **15** beignets
10 min de préparation
5 min de cuisson
Coût €€

BEIGNETS DE RICOTTA

200 g de ricotta • 1 œuf • 1 cuil. à soupe de persil ciselé • 5 feuilles de menthe ciselées • 2 pétales de tomate séchée à l'huile d'olive • 3 cuil. à soupe de farine • 2 cuil. à soupe de lait • Huile de friture • Sel, poivre

Matériel
Friteuse

1. Dans un saladier, mélangez la ricotta, l'œuf, le persil, la menthe et les pétales de tomate séchée. Ajoutez la farine et le lait. Salez et poivrez.

2. Mettez l'huile à chauffer dans la friteuse. Une fois celle-ci bien chaude, façonnez des petites boulettes ou des quenelles à l'aide de deux cuillères. Faites frire les boulettes dans l'huile pendant 5 min, jusqu'à ce qu'elles prennent une belle couleur dorée.

3. Égouttez les beignets et mettez-les sur du papier absorbant. Dégustez-les chauds ou tièdes.

CONSEIL
Vous pouvez préparer votre pâte à l'avance et la frire au dernier moment.

FACILE

Pour **15** falafels
10 min de préparation
10 min de cuisson
Coût €

FALAFELS

1 boîte de 265 g de pois chiches égouttés • 4 brins de persil • 1 oignon • 3 cuil. à soupe de farine • 1 pincée de sel • 2 cuil. à soupe d'huile d'olive

Matériel
Mixeur

1. Disposez les pois chiches dans le bol du mixeur avec le persil et l'oignon épluché et coupé en quatre. Mixez puis ajoutez progressivement la farine et le sel. Vous devez obtenir une pâte homogène.

2. Prenez une noix de la préparation et roulez-la entre vos mains. Faites de même avec le reste de la préparation.

3. Faites chauffer l'huile d'olive dans une sauteuse, puis faites dorer les boulettes de 5 à 10 min. Servez chaud ou tiède.

CONSEILS
Vous pouvez réaliser les boulettes quelques heures à l'avance et les cuire au dernier moment. Servez avec une sauce au fromage blanc.

FACILE

Pour **14** frites
15 min de préparation
4 min de cuisson
Coût €€

FRITES DE TOMME ET DE COMTÉ

25 g de noisettes • 25 g d'amandes • 1 cuil. à café de baies roses • ¼ de cuil. à café de piment d'Espelette • 1 œuf • Farine • 7 bâtonnets de comté • 7 bâtonnets de tomme • Huile d'olive

Matériel
Mixeur

1. Mixez les noisettes, les amandes et les baies roses. Ajoutez le piment et réservez dans une assiette.

2. Dans un bol, fouettez l'œuf. Dans un autre bol, disposez de la farine. Passez successivement les bâtonnets de fromage dans la farine, dans l'œuf puis dans la panure de fruits secs et de baies.

3. Faites chauffer 1 cm d'huile d'olive dans une poêle. Quand celle-ci est bien chaude, faites frire les frites de fromage 2 min sur chaque face et servez aussitôt.

CONSEIL
Cette recette ne peut pas se réaliser à l'avance.

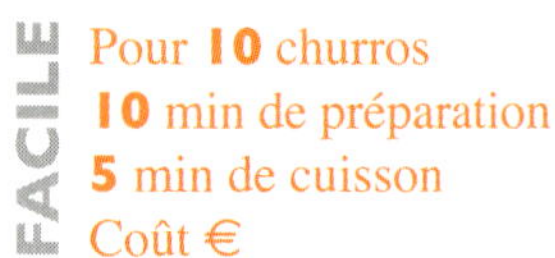
FACILE
Pour **10** churros
10 min de préparation
5 min de cuisson
Coût €

CHURROS LARDON-TOMME

175 g de farine • 1 cuil. à café de paprika • 25 cl d'eau bouillante • 75 g de lardons • 50 g de tomme • Huile de friture

Matériel
Appareil à churros ou poche à douille • Friteuse

1. Faites chauffer une bonne quantité d'huile dans une friteuse.

2. Dans un saladier, mélangez la farine, le paprika et l'eau. Ajoutez les lardons et la tomme découpée en morceaux. Mélangez bien pour que la pâte soit homogène.

3. Mettez la pâte dans un appareil à churros ou dans une poche à douille. Lorsque l'huile est bien chaude, confectionnez les churros avec l'appareil et coupez avec une paire de ciseaux des morceaux de pâte. Faites-les frire 5 min.

4. Servez les churros chauds ou tièdes.

CONSEIL
Les churros ne peuvent pas se préparer à l'avance.

FACILE

Pour **40** chips
10 min de préparation
5 min de cuisson
Coût €

CHIPS DE LÉGUMES

1 patate douce • 3 petites pommes de terre • 1 betterave rouge • Huile de friture • Sel

Matériel
Mandoline • Écumoire

1. Épluchez la patate douce, les pommes de terre et la betterave rouge. À l'aide de la mandoline, tranchez finement les légumes, puis épongez-les bien à l'aide d'un torchon propre.

2. Faites chauffer l'huile dans une poêle. Dès qu'elle est bien chaude, plongez-y les légumes finement coupés et laissez frire 5 min.

3. Sortez les chips à l'aide de l'écumoire, puis déposez-les sur du papier absorbant. Salez à votre convenance. Les chips se dégustent chaudes ou froides.

CONSEIL
Vous pouvez utiliser d'autres légumes comme le panais, le navet, la carotte… En revanche, évitez les légumes riches en eau comme la courgette.

FACILE

Pour **6** corolles
15 min de préparation
10 min de cuisson
Coût €€

COROLLES DE GUACAMOLE, GAMBAS SAUTÉES AU CURCUMA ET CITRON

3 feuilles de brick maison (voir page 21) ou du commerce • 2 échalotes • 1 cuil. à soupe d'huile d'olive • 4 gambas fraîches ou surgelées • 1 cuil. à café de jus de citron • ½ cuil. à café de curcuma en poudre • 2 tomates cerise • Guacamole maison (voir page 176) ou du commerce • Quelques brins de ciboulette

Matériel
Emporte-pièce rond • Moules à muffins

1. Préchauffez le four à 180 °C (th. 6).

2. À l'aide de l'emporte-pièce, découpez des morceaux de feuille de brick. Disposez-les dans des petits moules (type moules à muffins) et enfournez pendant 5 min. Sortez-les et laissez-les refroidir.

3. Épluchez et émincez finement les échalotes puis faites-les revenir dans l'huile d'olive quelques minutes dans une poêle.

4. Décortiquez les gambas et coupez-les en dés. Ajoutez-les aux échalotes et laissez cuire 2 min. Ensuite, ajoutez le jus de citron et le curcuma puis laissez cuire encore 1 min. Réservez. Émincez finement les tomates.

5. Disposez dans les petites corolles de brick 1 cuil. à café de guacamole, les gambas aux échalotes et un peu de tomate. Parsemez de ciboulette ciselée. Dégustez bien frais.

CONSEIL

Vous pouvez tout préparer à l'avance et réserver au frais mais dressez au dernier moment. Si vous le faites avant, les feuilles de brick vont se ramollir.

UN PEU DIFFICILE

Pour **8** nems
30 min de préparation
20 min de cuisson
Coût €€

NEMS AUX LÉGUMES ET AU POULET

2 escalopes de poulet (250 g) • 1 courgette • 1 carotte • 1 cuil. à soupe d'huile d'olive • 30 g de vermicelles de riz • 30 g de pousses de soja égouttées • 8 feuilles de riz • Huile de friture • Sel

Matériel
Mixeur

1. Mixez le poulet avec la courgette et la carotte lavées et épluchées. Dans une poêle, faites chauffer l'huile d'olive et faites-y revenir le poulet mixé avec les légumes. Salez.

2. Pendant ce temps, faites chauffer de l'eau dans une casserole, puis versez-la dans un saladier. Trempez-y les vermicelles de riz pendant 5 min pour les réhydrater. Égouttez les pousses de soja. Après avoir enlevé les vermicelles de riz, dans la même eau chaude, réhydratez les feuilles de riz une à une .

3. Déposez une feuille de riz sur un torchon propre et épongez-la délicatement. Sur l'extrémité, déposez 1 cuil. à soupe de poulet aux légumes, 1 cuil. à soupe de vermicelles de riz et quelques pousses de soja. Roulez sur 5 cm, puis rabattez les bords droit et gauche avant de finir de rouler. Répétez l'opération avec le reste des feuilles de riz et de préparation.

4. Dans une poêle à bord haut, faites chauffer 5 cm d'huile. Faites-y frire les nems 5 min de chaque côté. Prenez garde à ce qu'ils ne se collent pas ensemble. Égouttez sur du papier absorbant.

5. Servez les nems chauds avec de la salade, des feuilles de menthe et une sauce pour nems.

CONSEIL
Vous pouvez réaliser ces nems quelques heures à l'avance et les cuire au dernier moment.

FACILE

Pour **15** petits samoussas
20 min de préparation
45 min de cuisson
Coût €

SAMOUSSAS DE BŒUF ET CHUTNEY DE MANGUE

Les samoussas
1 petit oignon • 2 petites carottes • 4 cuil. à soupe d'huile d'olive • 1 steak haché • ½ cuil. à café de curry en poudre • 7 petites feuilles de brick maison (voir page 21) ou du commerce • Sel, poivre

Le chutney de mangue
½ mangue • 1 petit oignon • ½ pomme • 5 cl de vinaigre balsamique • Quelques gouttes de Tabasco • 2 cuil. à soupe de sucre en poudre • Huile

Matériel
Mixeur

1. Épluchez et émincez l'oignon, puis épluchez et mixez grossièrement les carottes.

2. Dans une poêle, faites chauffer 1 cuil. à soupe d'huile et faites revenir l'oignon et les carottes. Laissez cuire 5 min. Ajoutez le steak haché émietté, le curry puis environ 5 cl d'eau. Laissez cuire encore 5 min.

3. Préparez et pliez les feuilles de brick. Commencez par couper une feuille de brick en deux. Prenez l'une des deux moitiés, pliez-la en deux. Mettez 1 cuil. à café de préparation à l'extrémité. Puis pliez une première fois pour former un triangle tout en maintenant bien la farce. Pliez le triangle sur lui-même jusqu'à la fin de la bande. Faites de même avec le reste de farce et de feuilles de brick.

4. Faites chauffer l'huile d'olive restante dans une poêle et faites revenir les samoussas 5 min de chaque côté sur feu moyen. Égouttez-les et disposez-les sur du papier absorbant avant de servir.

5. Préparer le chutney de mangue. Épluchez la mangue, l'oignon et la pomme, puis découpez-les en dés. Faites chauffer un peu d'huile et faites revenir 2 ou 3 min la mangue, l'oignon et la pomme. Déglacez avec le vinaigre et 3 cl d'eau, puis ajoutez le Tabasco et le sucre. Couvrez et laissez cuire 30 min à feu doux.

6. Mixez finement et laissez refroidir. Mettez le chutney au réfrigérateur. Servez les samoussas chauds avec le chutney de mangue frais.

CONSEIL
Vous pouvez préparer le chutney plusieurs jours à l'avance en le conservant bien au réfrigérateur.

FACILE

Pour **10** sablés
20 min de préparation
1 h de réfrigération
10 min de cuisson
Coût €

SABLÉS CROUSTILLANTS AU CHÈVRE ET À LA TOMATE SÉCHÉE

50 g de farine • 50 g de flocons d'avoine • 1 pincée de sel • 50 g de beurre mou • 2 cuil. à soupe de lait • 3 pétales de tomate séchée • 1 crottin de chèvre

Matériel
Film alimentaire

1. Dans un saladier, mélangez du bout des doigts la farine, les flocons d'avoine, le sel et le beurre mou. Une fois le mélange à consistance sableuse, ajoutez le lait et mélangez jusqu'à obtention d'une boule de pâte homogène. À ce stade, ajoutez les pétales de tomate séchée découpées en petits dés et le crottin de chèvre détaillé en dés également. Mélangez vivement.

2. Roulez la pâte en forme de boudin et enveloppez-le de film alimentaire. Réservez-le au frais pendant 1 h.

3. Préchauffez le four à 180 °C (th. 6). Sortez le boudin de pâte du réfrigérateur et découpez-le en tranches. Disposez-les sur une plaque à pâtisserie et enfournez-les pour 10 min de cuisson.

4. Décollez les sablés de la plaque à l'aide d'une spatule et laissez-les refroidir sur une grille.

CONSEILS
Les sablés peuvent se conserver un à deux jours dans une boîte hermétique.
Vous pouvez réaliser le boudin de pâte plusieurs heures à l'avance, voire la veille.

FACILE

Pour **12** sablés
15 min de préparation
30 min à **1** h de réfrigération
15 min de cuisson
Coût €

SABLÉS AU COMTÉ, CHORIZO ET OLIVE

100 g de farine complète ou de farine blanche • 50 g de beurre • 1 pincée de sel • 1 morceau de chorizo découpé en petits dés (50 à 60 g) • 1 morceau de comté découpé en petits dés (50 à 60 g) • Une dizaine d'olives noires

Matériel
Film alimentaire

1. Dans un saladier, mélangez du bout des doigts la farine, le beurre et le sel. Ajoutez un peu d'eau (2 cuil. à soupe) pour obtenir une pâte homogène. Ajoutez ensuite le chorizo, le fromage et les olives. Mélangez vivement.

2. Formez un boudin et enveloppez-le de film alimentaire. Placez-le au frais de 30 min à 1 h.

3. Préchauffez le four à 180 °C (th. 6). Découpez le boudin de pâte en tranches et disposez-les sur une plaque à pâtisserie. Enfournez pour 15 min environ de cuisson.

4. Décollez les tranches de la plaque à l'aide d'une spatule et laissez-les refroidir sur une grille. Dégustez tiède ou froid.

CONSEILS
Les sablés peuvent se conserver un à deux jours dans une boîte hermétique. Vous pouvez réaliser le boudin de pâte plusieurs heures à l'avance, voire la veille.

FACILE

Pour **13** croquants
20 min de préparation
1 h à **2** h de réfrigération
25 min de cuisson
Coût €€

CROQUANTS TOMATE SÉCHÉE, PIGNON ET TAPENADE

185 g de farine blanche • 70 g de beurre mou • 2 pincées de sel • 30 g de parmesan • 1,5 cuil. à soupe de tapenade maison (voir page 178) ou du commerce • 1 œuf • 4 pétales de tomate séchée • 2 cuil. à soupe de pignons de pin

Matériel
Film alimentaire

1. Dans un saladier, mélangez du bout des doigts la farine, le beurre et le sel. Ajoutez ensuite le parmesan, la tapenade et l'œuf, puis mélangez vivement. Découpez en dés les pétales de tomate séchée et concassez les pignons. Ajoutez les pétales de tomate et les pignons à la pâte puis malaxez énergiquement avec les mains.

2. Sur du film alimentaire, disposez la pâte et formez un boudin. Emballez-le bien et placez-le au frais de 1 à 2 h.

3. Préchauffez le four à 180 °C (th. 6). Sortez le boudin du réfrigérateur et découpez-le en palets. Disposez-les sur une plaque à pâtisserie et enfournez pendant 20 à 25 min.

4. Sortez les palets du four et décollez-les de la plaque. Laissez refroidir avant de consommer.

CONSEILS
Vous pouvez réaliser le boudin de pâte plusieurs heures à l'avance, voire la veille. Les palets, une fois cuits, se conservent une journée dans une boîte hermétique.

FACILE

Pour **10** tuiles
10 min de préparation
10 min de cuisson
Coût €

TUILES SALÉES CAROTTE, PAVOT ET PARMESAN

1 carotte • 30 g de beurre • 50 g de farine • 50 g de parmesan râpé • 2 cuil. à café de graines de pavot • 1 blanc d'œuf • 4 cuil. à soupe de lait

1. Préchauffez le four à 180 °C (th. 6). Lavez et râpez la carotte. Dans un bol, faites fondre le beurre.

2. Dans un saladier, mélangez la farine, le parmesan et les graines de pavot. Ajoutez le blanc d'œuf, le beurre, le lait et la carotte. Mélangez bien.

3. Sur une plaque à pâtisserie, disposez des petits tas de pâte et enfournez pour 10 min de cuisson en surveillant bien.

4. Sortez du four, décollez les tuiles de la plaque et placez-les sur un rouleau à pâtisserie pour qu'elles s'arrondissent en refroidissant. Dégustez chaud ou froid.

CONSEILS

Les tuiles se ramollissent un peu en refroidissant mais conservent toujours leur goût. Vous pouvez préparer la pâte plusieurs heures à l'avance et faire cuire les tuiles au dernier moment.

FACILE

Pour **10** gressins
10 min de préparation
8 min de cuisson
Coût €

GRESSINS EXPRESS CURRY-ROMARIN

40 g de farine complète • 60 g de farine blanche • 1 pincée de sel • 1 cuil. à café de curry de Madras • 1 cuil. à café de romarin ciselé • 3 cuil. à soupe d'huile d'olive

1. Préchauffez le four à 200 °C (th. 6-7).

2. Dans un saladier, mélangez les farines avec le sel, le curry et le romarin. Ajoutez l'huile et 4 cuil. à soupe d'eau, puis mélangez jusqu'à former une boule homogène.

3. Farinez le plan de travail et étalez la pâte en carré de 18 cm de côté. Découpez 10 bandes et disposez-les sur une plaque à pâtisserie. Enfournez-les pour 8 min de cuisson.

4. Sortez du four, décollez les bandes de la plaque de cuisson et laissez refroidir. Dégustez nature ou trempés dans une sauce.

CONSEILS

Vous pouvez réaliser la pâte la veille et la cuire peu de temps avant de servir.
Vous pouvez conserver les gressins cuits deux jours dans une boîte hermétique.

• FAIT MAISON •
CANAPÉS ET BOUCHÉES

FACILE

Pour **18** madeleines
10 min de préparation
1 h de réfrigération
20 min de cuisson
Coût €

MADELEINES BACON-CAMEMBERT

120 g de farine • ½ sachet de levure chimique • 2 œufs • 60 g de beurre fondu • 2 cuil. à soupe de lait • 8 tranches de bacon • 80 g de camembert

Matériel
Moules à madeleines

1. Dans un saladier, assemblez la farine et la levure, puis ajoutez les œufs, le beurre fondu et le lait. Mélangez bien la préparation. Incorporez les tranches de bacon et le camembert coupés en dés.

2. Placez la préparation au frais pendant 1 h. Préchauffez ensuite le four à 180 °C (th. 6).

3. Versez la pâte dans les petites alvéoles à madeleines et enfournez pour 20 min de cuisson. Démoulez puis servez les madeleines chaudes ou tièdes.

CONSEILS
Vous pouvez réaliser votre pâte et les madeleines quelques heures avant le service, voire la veille. Les madeleines se conservent quelques jours dans une boîte hermétique au frais.

FACILE

Pour **14** tomates
15 min de préparation
2 min de cuisson
Coût €

TOMATES CERISE FARCIES AUX DEUX JAMBONS

2 tranches de bacon • 1 tranche de jambon blanc • 2 cuil. à soupe de ricotta • 14 tomates cerise

Matériel
Mixeur • Poche à douille

1. Enfermez les deux tranches de bacon dans du papier absorbant et faites griller au four à micro-ondes 2 min. Enlevez le papier absorbant et disposez dans le bol du mixeur.

2. Mixez le bacon grillé avec le jambon blanc. Versez dans un saladier, puis ajoutez la ricotta. Mélangez soigneusement.

3. Coupez les tomates en deux et évidez-les. Farcissez les tomates de garniture de ricotta-jambon grâce à la poche à douille.

4. Placez au frais jusqu'au moment de servir.

CONSEIL
Vous pouvez préparer les tomates farcies plusieurs heures avant le service, voire la veille, à condition de les conserver au frais dans une boîte hermétique.

FACILE

Pour **6** champignons
10 min de préparation
10 à **15** min de cuisson
Coût €

CHAMPIGNONS FARCIS AU CHÈVRE

6 champignons frais • ½ bûche de fromage de chèvre • 1 cuil. à soupe de crème fraîche • 1 cuil. à soupe de chapelure • 10 brins de ciboulette • 3 brins de persil

Matériel
Mixeur

1. Préchauffez le four à 180 °C (th. 6). Enlevez le pied des champignons et lavez bien les chapeaux.

2. Dans le bol du mixeur, mixez le chèvre, la crème, la chapelure, la ciboulette et le persil. Une fois que vous avez obtenu une préparation homogène, répartissez-la dans les chapeaux des champignons. Disposez-les ensuite sur une plaque à pâtisserie.

3. Enfournez les champignons farcis pour 10 à 15 min de cuisson et servez chaud.

CONSEIL
Vous pouvez réaliser les champignons quelques heures à l'avance et les cuire au dernier moment.

FACILE

Pour **4** artichauts
5 min de préparation
10 à **15** min de cuisson
Coût €

ARTICHAUTS FARCIS AU CHORIZO ET AU CHÈVRE

4 fonds d'artichaut en boîte • 50 g de chorizo • 50 g de bûche de chèvre

Matériel
Mixeur

1. Préchauffez le four à 180 ° (th. 6).

2. Égouttez et épongez les fonds d'artichauts puis placez-les sur une plaque à pâtisserie.

3. Dans le bol du mixeur, mixez le chorizo et le chèvre jusqu'à obtenir une préparation homogène. Farcissez-en les fonds d'artichaut.

4. Enfournez pour 10 à 15 min de cuisson et servez chaud.

CONSEIL
Vous pouvez préparer vos artichauts quelques heures à l'avance et les cuire au dernier moment.

FACILE

Pour **6** flans
10 min de préparation
35 min de cuisson
Coût €

FLANS DE CAROTTE AU MIEL, CHÈVRE ET CURRY

150 g de carottes épluchées • 2 œufs • 10 cl de crème liquide • 5 cl de lait demi-écrémé • 4 pincées de curry en poudre • 1 cuil. à café rase de miel • 1 cuil. à café de fécule de maïs • 1 crottin de chèvre • Sel, poivre

Matériel
Mixuer • Moules en silicone (type moules à muffins)

1. Préchauffez le four à 190 °C (th. 6). Coupez les carottes en morceaux et mixez-les finement.

2. Dans un saladier, fouettez les œufs, puis ajoutez la crème, le lait, le curry, le miel et la fécule de maïs. Salez et poivrez. Mélangez bien.

3. Répartissez la pâte dans les moules en silicone. Coupez le crottin de chèvre en six et ajoutez un morceau au centre de chaque flan. Enfournez pour 35 min de cuisson.

4. Une fois cuits, sortez les flans et laissez-les reposer 5 à 10 min avant de les démouler délicatement. Servez-les tièdes ou froids.

CONSEIL
Vous pouvez réaliser les flans la veille, à condition de ne pas les servir glacés et de les sortir 1 h à l'avance du réfrigérateur.

FACILE

Pour **10** brushettas
20 min de préparation
10 à **15** min de cuisson
Coût €€

BRUSHETTAS POMMES CARAMÉLISÉES, GOUDA ET LARDONS

1 pomme • 1 petit oignon frais • 1 noisette de beurre • 2 pincées de sucre en poudre • 10 morceaux de pain • 1 petite barquette de lardons • 60 g de gouda

1. Préchauffez le four à 180 °C (th. 6).

2. Lavez, épluchez et coupez la pomme en lanières. Épluchez et émincez l'oignon frais et réservez-le.

3. Dans une poêle, faites chauffer le beurre, puis ajoutez la pomme et saupoudrez de sucre. Laissez caraméliser 10 min sur feu moyen.

4. Disposez les morceaux de pain sur une plaque à pâtisserie. Déposez quelques lamelles de pomme, des lardons, l'oignon frais et un morceau de gouda.

5. Enfournez pour 10 à 15 min de cuisson. Servez aussitôt.

CONSEIL

Vous pouvez préparer vos brushettas quelques heures à l'avance et les cuire au dernier moment.

UN PEU DIFFICILE

Pour **12** rouleaux
20 min de préparation
1 h de réfrigération
Coût €€

ROULEAUX DE SAUMON FUMÉ, CRÈME DE WASABI, CITRON VERT ET POMME VERTE

½ pomme verte • 150 g de fromage frais • Le jus et le zeste de ½ citron vert • 1 cuil. à café de wasabi • 4 tranches de saumon fumé • Graines de sésame • 2 brins de persil

Matériel
Film alimentaire

1. Lavez, épluchez et râpez la moitié de pomme.

2. Dans un bol, mélangez le fromage frais, le jus de citron, le zeste, le wasabi et la pomme râpée.

3. Sur un morceau de film alimentaire, disposez les tranches de saumon fumé et étalez la préparation dessus. Roulez le saumon en un boudin bien serré et réservez 1 h au frais.

4. À l'aide d'un couteau bien aiguisé, découpez les rouleaux en tronçons, ôtez le film et décorez de graines de sésame et de persil. Servez frais.

CONSEIL
Vous pouvez préparer votre boudin quelques heures à l'avance, voire la veille.

UN PEU DIFFICILE

Pour **12** roulés
30 min de préparation
10 min de cuisson
3 h à **1** nuit de réfrigération
Coût €€€

ROULÉS DE PAIN D'ÉPICE AU FOIE GRAS ET FRUITS SECS

La génoise
4 œufs • 100 g de farine • ½ sachet de levure • 80 g de beurre fondu • 75 g de gruyère râpé • 75 g de parmesan • 4 cuil. à soupe de vin blanc

La crème de foie gras
1 petite boîte de foie gras • 2 cuil. à soupe de crème fraîche • 1 poignée de noix • 1 poignée de raisins secs

Matériel
Batteur électrique • Papier sulfurisé • Pinceau

1. Préchauffez le four à 160 °C (th. 5-6). Préparez la génoise. Séparez les blancs des jaunes d'œufs. Dans un saladier, battez les jaunes avec le gruyère, le parmesan, le beurre fondu et le vin blanc. Montez les blancs en neige bien ferme. Ajoutez d'abord un tiers des blancs aux jaunes d'œufs et mélangez vivement puis incorporez le reste délicatement en soulevant la préparation avec une spatule. Ajoutez la farine et la levure, puis mélangez délicatement.

2. Disposez une feuille de papier sulfurisé sur une plaque à pâtisserie et étalez la préparation. Enfournez. Après 10 min de cuisson, sortez la plaque du four puis démoulez la génoise sur un linge propre et humide. Enlevez le papier sulfurisé délicatement, puis roulez la génoise bien serrée avec le torchon.

3. Pendant la cuisson de la génoise, préparez la crème de foie gras. Dans un bol, écrasez le foie gras à la fourchette, ajoutez la crème et remuez vivement. Incorporez ensuite les noix et les raisins secs.

4. Déroulez la génoise et décollez-la délicatement du torchon. Badigeonnez-la de vin blanc avec un pinceau, puis étalez la crème de foie gras. Roulez le biscuit bien serré. Mettez-le au frais 3 h au minimum, voire si possible 1 nuit. Découpez le roulé en tranches et dégustez !

CONSEIL
Vous pouvez faire ces roulés un à deux jours à l'avance, à condition de les conserver dans une boîte hermétique.

UN PEU DIFFICILE

Pour **12** roulés
20 min de préparation
10 à **15** min de cuisson
1 h de réfrigération
Coût €€

ROULÉS À LA CRÈME DE TAPENADE

La génoise
4 œufs • 100 g de farine • ½ sachet de levure • 80 g de beurre fondu • 75 g de gruyère râpé • 75 g de parmesan • 4 cuil. à soupe de vin blanc • ½ cuil. à soupe d'herbe de Provence

La crème à la tapenade
½ pot de mascarpone • 6 cuil. à soupe de crème liquide • 1 cuil. à soupe de tapenade maison (voir page 178) ou du commerce

Matériel
Batteur électrique • Papier sulfurisé

1. Préchauffez le four à 160 °C (th. 5-6).

2. Séparez les blancs des jaunes d'œufs. Battez les jaunes énergiquement dans un saladier. Ajoutez le parmesan et le fromage râpé sans cesser de fouetter ainsi que le beurre fondu, le vin blanc et les herbes de Provence.

3. Montez les blancs en neige très ferme et incorporez-les à la préparation précédente. Ajoutez d'abord un tiers et mélangez vivement, puis incorporez les deux tiers restants, en soulevant délicatement la préparation avec une spatule. Ajoutez la farine et la levure.

4. Disposez du papier sulfurisé sur une plaque de cuisson et étalez la génoise. Enfournez pour 10 à 15 min de cuisson. Une fois cuite, démoulez la génoise sur un torchon puis roulez-la fermement. Laissez reposer quelques instants.

5. Pendant que la génoise cuit, préparez la crème à la tapenade. Mélangez dans un bol le mascarpone avec la crème, puis incorporez la tapenade.

6. Déroulez la génoise et étalez dessus la crème. Roulez bien serré et réservez au frais pendant 1 h. Coupez en tranches au moment de servir.

CONSEIL
Vous pouvez réaliser votre roulé la veille.

FACILE

Pour **18** mini-blinis
20 min de préparation
5 min de cuisson
1 h de réfrigération
Coût €€

BLINIS À LA CHÂTAIGNE, RICOTTA AU CITRON, CIBOULETTE ET TRUITE FUMÉE

La pâte à blinis
100 g de farine blanche • 50 g de farine de châtaigne • 1 sachet de levure chimique • 1 pincée de sel • 2 œufs • 20 cl de lait

La garniture
9 cuil. à soupe de ricotta • 3 cuil. à soupe de jus de citron • 6 tranches de truite fumée • Ciboulette

1. Préparez la pâte. Dans un saladier, mélangez les farines, la levure et le sel. Ajoutez les œufs. Mélangez et délayez la préparation avec le lait.

2. Faites chauffer une poêle à blinis ou une petite poêle, puis déposez une petite louche de pâte. Lorsque des petites bulles apparaissent en surface, vous pouvez retourner le blini. Faites cuire 2 min de plus et réservez.

3. Préparez la garniture en mélangeant la ricotta avec le jus de citron dans un bol. Disposez un morceau de truite sur un blini et, à l'aide d'une cuillère, déposez une petite quenelle de ricotta au citron. Parsemez de ciboulette ciselée. Mettez au frais 1 h.

CONSEIL
Vous pouvez réaliser les blinis la veille et les garnir quelques heures avant le service.

FACILE

Pour **6** canapés
15 min de préparation
5 min de cuisson
Coût €

CANAPÉS DE MAGRET FUMÉ ET COMPOTÉE DE PÊCHE

1 cuil. à soupe d'huile d'olive • 1 échalote • 1 pêche • 1 cuil. à café de sucre en poudre • 6 toasts • 12 tranches de magret de canard fumé (voir page 14)

1. Dans une poêle, faites chauffer l'huile puis faites-y revenir l'échalote épluchée et émincée. Ajoutez la pêche coupée en lamelles et le sucre. Laissez saisir 5 min.

2. Déposez des tranches de pêche légèrement caramélisées sur un toast et disposez 2 tranches de magret de canard fumé.

3. Servez les canapés tièdes ou froids.

FACILE
Pour **20** mini-bouchées
15 min de préparation
15 à **20** min de cuisson
Coût €

SAUCISSES BRIOCHÉES

100 g de farine • 1 pincée de sel • 1 cuil. à café de sucre en poudre • ½ sachet de levure chimique • 1 cuil. à soupe de graines de sésame • 1 œuf battu • 5 cl de crème liquide • 1 cuil. à soupe d'huile d'olive • Moutarde • Ketchup • 4 saucisses de Strasbourg

1. Préchauffez le four à 180 °C (th. 6).

2. Dans un saladier, mélangez la farine, le sel, le sucre, la levure et les graines de sésame. Ajoutez l'œuf, la crème et l'huile d'olive.

3. Étalez la pâte en rectangle. Répartissez dessus la moutarde et le ketchup, disposez les saucisses à la suite, dans la longueur, puis roulez la pâte. Soudez les bords et découpez des petits tronçons.

4. Disposez sur une plaque à pâtisserie et enfournez pour 15 à 20 min de cuisson. Sortez du four et servez sans attendre.

CONSEIL
Vous pouvez réaliser les tronçons à l'avance et les faire cuire au dernier moment. Vous pouvez également les congeler avant cuisson.

FACILE

Pour **20** mini-pizzas
30 min de préparation
30 min de repos
20 min de cuisson
Coût €

PIZZAS À LA POLENTA

1 cube de bouillon de légumes • 200 g de polenta • 1 petit pot de concentré de tomates • 75 g de lardons fumés• 70 g de cheddar

Matériel
Papier sulfurisé • Emporte-pièce rond

1. Dans une casserole, faites chauffer 50 cl d'eau avec le bouillon. Quand celle-ci bout, ajoutez d'un coup la polenta et remuez jusqu'à ce que la pâte se détache bien de la paroi de la casserole.

2. Laissez tiédir 10 min, puis étalez sur une feuille de papier sulfurisé. Laissez complètement refroidir pendant 15 à 20 min.

3. Préchauffez le four à 180 °C (th. 6). À l'aide du petit emporte-pièce ou d'un verre, découpez des ronds de pâte. Placez-les sur une plaque à pâtisserie. Sur chaque rond de pâte, étalez un peu de concentré de tomates, disposez quelques lardons et parsemez de cheddar.

4. Enfournez pour 10 min de cuisson et dégustez les mini-pizzas chaudes ou tièdes.

CONSEILS
Les mini-pizzas peuvent se réaliser la veille et se cuire au dernier moment. Vous pouvez également les congeler sans les avoir cuites.

FACILE

Pour **15** mini-tortillas
10 min de préparation
30 min de cuisson
Coût €

TORTILLAS DE POMME DE TERRE AU BASILIC

1 oignon • 1 gousse d'ail • 2 pommes de terre • 1 cuil. à soupe d'huile d'olive • 3 œufs • 2 cuil. à café de basilic frais • Sel, poivre

Matériel
Emporte-pièce rond • Piques en bois

1. Épluchez l'oignon et l'ail, puis émincez-les finement. Épluchez, lavez et coupez en fines lamelles les pommes de terre. Dans une poêle, faites chauffer l'huile, puis faites rissoler l'oignon et l'ail. Ajoutez les pommes de terre. Laissez cuire pendant 20 min, salez et poivrez.

2. Dans un bol, fouettez les œufs avec le basilic, puis versez sur les pommes de terre. Laissez cuire 10 min et, à l'aide d'une assiette, retournez la tortilla. Laissez cuire 3 min de l'autre côté.

3. Laissez tiédir, puis démoulez dans une assiette. À l'aide de l'emporte-pièce, découpez la tortilla. Placez les cercles sur un plat de service et plantez une pique en bois dedans.

4. Servez les mini-tortillas chaudes, tièdes ou même froides.

CONSEILS
Vous pouvez réaliser ces tortillas quelques heures à l'avance et les réchauffer au moment de servir. Vous pouvez tout simplement déguster la tortilla coupée en parts, comme une quiche.

FACILE

Pour **6** personnes
10 min de préparation
10 min de cuisson
1 mois de conservation
Coût €€

MÉLANGE DE FRUITS SECS AUX ÉPICES DOUCES

1 cuil. à soupe d'huile d'olive • 1 cuil. à café de miel • 2 bonnes pointes de couteau de piment d'Espelette • ½ cuil. à café de cumin en poudre • ¼ de cuil. à café de sel • 1 cuil. à soupe de graines de potiron • 200 g de mélange de fruits secs non salés (amandes, noix, noisettes, noix de cajou…) • 1 branche de romarin

1. Préchauffez le four à 180 °C (th. 6).

2. Dans un saladier, mélangez l'huile, le miel, le piment, le cumin, le sel, les graines et les fruits secs. Ajoutez le romarin finement ciselé et mélangez de façon à bien enrober les graines.

3. Disposez sur une plaque à pâtisserie et enfournez pendant 10 min. Laissez refroidir et conservez dans un bocal.

CONSEILS

Ce mélange peut se réaliser un mois à l'avance. Vous pouvez varier les graines et les fruits secs, mais toujours en les choisissant non salés !

UN PEU DIFFICILE

Pour **12** choux
30 min de préparation
30 min de cuisson
1 h de réfrigération
Coût €€

CHOUX FARCIS AU FOIE GRAS

La pâte à choux
1 pincée de sel • 1 pincée de sucre en poudre • 75 g de beurre • 125 g de farine • 1 cuil. à soupe de graines de pavot • 3 œufs

La garniture
250 g de foie gras • 2 cuil. à soupe de crème liquide • Sel, poivre

Matériel
Poche à douille

1. Faites chauffer 20 cl d'eau avec le sel, le sucre et le beurre jusqu'à ce que celui-ci fonde et que le mélange commence à bouillir. Ajoutez la farine et les graines de pavot d'un coup, puis remuez bien jusqu'à ce que la pâte se décolle des parois. Coupez le feu et laissez légèrement tiédir.

2. Incorporez les œufs un à un en remuant bien entre chaque ajout, et jusqu'à ce que la pâte soit homogène.

3. Préchauffez le four à 180 °C (th. 6). Mettez la pâte dans la poche à douille et faites des petits tas sur une plaque à pâtisserie. Enfournez pour 25 min. Une fois cuits, laissez les choux dans le four et entrouvrez la porte.

4. Pendant ce temps, préparez la garniture. Dans une assiette, écrasez le fois gras et ajoutez la crème. Mélangez bien. Salez et poivrez à votre convenance.

5. Une fois les choux refroidis, farcissez-les à l'aide de la poche à douille, soit en coupant un petit chapeau sur le haut du chou, soit en faisant un trou avec la poche à douille dans le chou. Placez ensuite les choux au frais pendant 1 h.

CONSEILS
Vous pouvez réaliser cette recette quelques heures à l'avance. Vous pouvez aussi congeler les petits choux nature et les sortir quelques heures avant de les farcir.

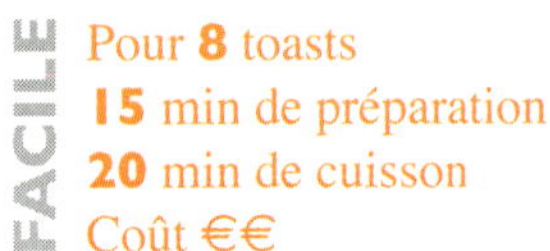

TOASTS D'ASPERGE ET JAMBON CRU

50 g d'asperges blanches fraîches • 8 asperges vertes fraîches • 1 cuil. à soupe de yaourt grec • 3 tranches de pain de mie • 8 tranches de jambon cru • Parmesan • Sel

Matériel
Mixeur

1. Épluchez les asperges. Remplissez deux casseroles d'eau, salez et portez à ébullition. Dès que l'eau bout, plongez-y les asperges. Laissez cuire 10 min les asperges blanches et 5 min les asperges vertes. Laissez refroidir.

2. Préchauffez le four à 180 °C (th. 6).

3. Mixez les asperges blanches avec le yaourt grec. Salez.

4. Coupez le pain de mie en bâtonnets égaux, tartinez-les de la crème aux asperges blanches.

5. Enroulez chaque asperge verte dans une tranche de jambon cru et déposez sur le pain. Parsemez de parmesan et enfournez pour 10 min de cuisson. Servez bien chaud.

CONSEIL
Vous pouvez préparer les toasts le matin pour le soir et les enfourner au dernier moment.

FACILE

Pour **20** mini-gougères
15 min de préparation
20 à **30** min de cuisson
Coût €

GOUGÈRES AU COMTÉ FAÇON MICHOU

1 pincée de sel • 100 g de beurre • 125 g de farine • 3 œufs • 200 g de comté

1. Dans une casserole, versez 25 cl d'eau, le sel et le beurre, puis portez à ébullition.

2. Dès que le mélange bout, versez la farine d'un coup, puis remuez hors du feu jusqu'à obtenir une pâte lisse qui se décolle des parois de la casserole.

3. Ajoutez les œufs un à un et remuez bien entre chaque pour bien les incorporer à la pâte. Ajoutez le comté râpé et laissez refroidir.

4. Préchauffez le four à 180 °C (th. 6). Disposez sur une plaque à pâtisserie des petits tas de pâte. Enfournez pour 20 à 30 min de cuisson.

5. Servez les mini-gougères tièdes ou froides.

CONSEILS

Vous pouvez réaliser la pâte à l'avance et cuire les gougères au dernier moment, ou les préparer la veille et les déguster froides. Vous pouvez aussi cuire toute la pâte comme une tarte et ensuite découper la gougère en petites parts.

FACILE

Pour **12** demi-œufs
15 min de préparation
10 min de cuisson
Coût €

ŒUFS MIMOSA AU THON ET AUX CÂPRES

6 œufs • 1 boîte de thon (52 g égoutté) • 1 cuil. à café de câpres • 2 cuil. à soupe de mayonnaise • 3 pointes de couteaux de piments d'Espelette • Quelques brins de ciboulette

Matériel
Mixeur

1. Faites cuire les œufs 10 min dans une casserole d'eau bouillante. Égouttez-les et passez-les sous l'eau froide.

2. Écalez-les (ôtez la coquille), coupez-les en deux dans la longueur, puis mettez les jaunes dans le bol du mixeur. Réservez les blancs.

3. Ajoutez aux jaunes d'œufs le thon, les câpres, la mayonnaise et le piment. Mixez jusqu'à obtenir une préparation homogène.

4. Disposez cette farce dans le creux des blancs d'œufs, décorez de ciboulette ciselée et maintenez au frais avant de servir.

CONSEIL
Vous pouvez réaliser ces œufs quelques heures avant le service.

FACILE

Pour **10** boulettes
20 min de préparation
50 min de cuisson
Coût €

BOULETTES DE BŒUF ET CHUTNEY DE FIGUE

Les boulettes
2 steaks hachés (environ 200 g) • 1 cuil. à café de raisins secs • 4 pincées de cannelle • 1 cuil. à soupe de chapelure • 1 cuil. à café de Worcestershire sauce (sauce anglaise) • 1 cuil. à soupe de pignons de pin • 2 cuil. à soupe d'huile d'olive

Le chutney de figues
1 sachet de thé orange-cannelle • 1 cuil. à café d'huile d'olive • 4 figues • 1 cuil. à café de miel

1. Préparez les boulettes. Dans un saladier, mélangez avec les mains la viande hachée, les raisins secs, la cannelle, la chapelure, la Worcestershire sauce et les pignons de pin concassés.

2. Une fois le mélange bien homogène, confectionnez des petites boulettes. Prenez l'équivalent d'une noix de préparation et roulez-la entre vos mains. Réservez la boulette ainsi obtenue dans une assiette et faites de même avec le reste de la préparation.

3. Dans une poêle, faites chauffer l'huile. Faites frire les boulettes dans l'huile bien chaude pendant à peu près 5 min. Elles doivent être bien dorées. Réservez-les au chaud.

4. Préparez le chutney de figue. Faites chauffer 15 cl d'eau et faites infuser le thé 10 min. Pendant ce temps, dans une casserole, faites chauffer l'huile d'olive puis ajoutez les figues coupées en dés. Laissez-les cuire dans l'huile pendant 5 min tout en remuant. Ajoutez ensuite le thé et le miel, puis laissez mijoter 30 à 40 min à couvert.

5. Servez les boulettes avec le chutney de figue.

CONSEILS
Vous pouvez réaliser le chutney deux jours à l'avance en le conservant au réfrigérateur.
Vous pouvez confectionner les boulettes le matin pour le soir, voire la veille, ou même éventuellement les congeler avant cuisson et ainsi les conserver plusieurs mois.

• FAIT MAISON •

BROCHETTES

FACILE

Pour **10** mini-brochettes
5 min de préparation
5 min de cuisson
Coût €€

BROCHETTES DE BŒUF EN YAKITORI

Les boulettes
2 steaks hachés • 4 pincées de quatre-épices • 1 cuil. à soupe d'huile d'olive

La sauce
2 cuil. à soupe de sauce soja • 1 cuil. à soupe de vinaigre de riz • 1 cuil. à café de miel • 1 cuil. à café rase de sucre en poudre • 1 cuil. à café de fécule de maïs

Matériel
Piques en bois

1. Préparez les boulettes. Dans un bol, mélangez la viande et le quatre-épices à l'aide d'une fourchette. Prenez une petite quantité de préparation dans vos mains et formez une boulette. Réservez sur une assiette. Procédez ainsi jusqu'à épuisement de la viande.

2. Préparez la sauce. Dans un bol, mélangez la sauce soja, le vinaigre de riz, le miel et le sucre.

3. Dans une poêle, faites chauffer l'huile et faites-y revenir les boulettes en les retournant régulièrement. Nappez d'un peu de sauce et placez les boulettes sur une assiette. Piquez-les afin de confectionner des brochettes.

4. Dans la poêle, faites chauffer le reste de sauce et ajoutez la fécule de maïs diluée dans un peu d'eau. Dès que la sauce épaissit, coupez le feu et nappez-en les boulettes.

CONSEIL
Vous pouvez réaliser vos boulettes à l'avance et les cuire au dernier moment.

FACILE

Pour **20** mini-brochettes
5 min de préparation
1 h de marinade
6 min de cuisson

BROCHETTES DE POULET TANDOORI

2 blancs de poulet • 1 yaourt grec • 2 cuil. à café d'épices tandoori • 1 cuil. à soupe de jus de citron • 3 feuilles de menthe • 1 branche de coriandre • 1 cuil. à soupe d'huile d'olive

Matériel
Piques en bois

1. Détaillez le poulet en petits dés.

2. Dans un bol, mélangez le yaourt, les épices, le jus de citron, la menthe et la coriandre lavées et ciselées. Ajoutez le poulet et faites mariner 1 h minimum au frais.

3. Dans une poêle, faites chauffer l'huile d'olive. Ajoutez le poulet et laissez cuire 3 min de chaque côté.

4. Embrochez chaque morceau de viande sur une pique en bois et servez chaud.

CONSEIL
Vous pouvez cuire à l'avance les morceaux de poulet et les réchauffer au four à micro-ondes au dernier moment.

FACILE

Pour **8** mini-brochettes
10 min de préparation
1 h à **1** nuit de marinade
5 à **8** min de cuisson
Coût €

BROCHETTES DE POULET SAUCE SATAY

2 escalopes de poulet • Graines de sésame

La marinade
1 cuil. à soupe de beurre de cacahuètes • 3 cuil. à soupe de lait de coco • 1 gousse d'ail • 2 cuil. à café de miel • 1,5 cuil. à soupe de sauce soja • 1 cuil. à café de citron vert • ½ cuil. à café de curry • ½ cuil. à café de gingembre • Quelques gouttes de Tabasco

Matériel
Piques en bois

1. Dans un bol, mélangez tous les ingrédients de la marinade.

2. Découpez le poulet en morceaux et faites-les mariner 1 h au frais (idéalement toute une nuit).

3. Embrochez les morceaux de viande sur les piques en bois et grillez-les dans une poêle pendant 5 à 8 min.

4. Servez bien chaud après avoir parsemé les brochettes de quelques graines de sésame.

FACILE

Pour **6** mini-brochettes
15 min de préparation
5 min de cuisson
Coût €€

BROCHETTES DE SAINT-JACQUES À L'ANANAS

6 tranches d'ananas • 1 cuil. à café de sucre en poudre • ½ cuil. à café de curry en poudre • 6 noix de saint-jacques • 3 tranches de jambon cru • 1 cuil. à soupe d'huile d'olive

Matériel
Piques en bois

1. Dans une poêle, faites chauffer l'huile d'olive. Faites-y dorer les tranches d'ananas avec le sucre et le curry. Une fois qu'elles sont caramélisées de chaque côté, réservez-les entre deux assiettes pour les maintenir au chaud.

2. Dans la même poêle bien chaude, faites cuire 2 min de chaque côté les noix de saint-jacques, puis réservez entre deux assiettes.

3. Coupez en deux les tranches de jambon cru puis, sur une pique en bois, disposez 1 tranche d'ananas, 1 noix de saint-jacques et 1 morceau de jambon cru. Dégustez chaud.

FACILE

Pour **10** mini-brochettes
20 min de préparation
Coût €

BROCHETTES DE MELON AU CHÈVRE ET AUX FINES HERBES

½ melon • Persil • Ciboulette • 1 fromage de chèvre frais (type Chavroux)

Matériel
Cuillère à pomme parisienne • Piques en bois

1. À l'aide d'une petite cuillère ou, mieux, d'une cuillère à pomme parisienne, formez des billes dans la chair du melon. Ciselez le persil et la ciboulette dans un bol.

2. Prélevez 1 cuil. à café de chèvre frais et roulez-la entre vos mains pour en faire une boule. Passez cette boule dans le mélange persil-ciboulette.

3. Sur les piques en bois, intercalez 1 bille de melon et 1 bille de chèvre (collez la bille de chèvre sur le melon). Puis réservez au frais.

CONSEILS
Les mini-brochettes peuvent se préparer quelques heures avant le service.
Pour la décoration, piquez les brochettes sur le demi-melon évidé.
Vous pouvez enrouler un morceau de jambon cru ou de bacon autour du melon. Vous pouvez également enrober le chèvre de quelques grains de raisin sans pépins et les passer dans des graines de sésame et du paprika…

• FAIT MAISON •
PAIN, DIPS ET TARTINADES

DIFFICILE

Pour **1** pain
30 min de préparation
Coût €€

PAIN SURPRISE

1 pain rond ou carré • Foie gras maison (voir page 15) ou du commerce • Tapenade maison (voir page 178) ou du commerce • Guacamole maison (voir page 176) ou du commerce • Jambon

1. Découpez le haut du pain avec un bon couteau et mettez le chapeau de côté.

2. Passez une lame de couteau verticalement, à environ 3 cm de la croûte et découpez la mie de pain, sans aller jusqu'au fond.

3. Faites une fente en bas du pain, puis passez la lame de couteau horizontalement pour découper la mie et pouvoir l'extraire du pain.

4. Récupérez la mie, puis découpez-la en tranches pour en faire des petits toasts que vous pourrez ainsi garnir de foie gras, de tapenade, de guacamole, etc. Remettez les toasts dans la croûte du pain, replacez le chapeau et servez.

FACILE
Pour **12** quenelles
20 min de préparation
5 min de cuisson
Coût €

QUENELLES DE THON SUR TOASTS DE PAIN GRILLÉ

1 boîte de thon de 52 g • 2 lamelles de tomate séchée • 2 cuil. à soupe de fromage frais ail et fines herbes • 1 cuil. à soupe de persil ciselé • 1 cuil. à café de jus de citron • 1 cuil. à café de câpres au vinaigre • 1 baguette de pain (voir page 20) • 1 gousse d'ail pelée

Matériel
Mixeur

1. Préchauffez le four à 180 °C (th. 6).

2. Dans le bol du mixeur, disposez le thon ainsi que les lamelles de tomate séchée, le fromage ail et fines herbes, le persil, le jus de citron et les câpres que vous aurez rincées au préalable. Mixez la préparation finement et réservez-la au frais.

3. Coupez des petits toasts dans la baguette de pain et posez-les sur une plaque à pâtisserie. Enfournez pendant 5 min tout en surveillant que les toasts ne brûlent pas. Sortez-les du four et laissez-les refroidir. Frottez-les avec la gousse d'ail.

4. À l'aide de deux petites cuillères, façonnez des quenelles avec la préparation au thon. Prenez l'équivalent de 1 cuil. à café de préparation et passez-la plusieurs fois d'une cuillère à l'autre en la roulant, jusqu'à obtenir la forme d'une petite quenelle. Déposez celle-ci sur un toast de pain. Faites de même avec le reste de la préparation.

5. Gardez au frais jusqu'au moment de servir.

CONSEIL
Les quenelles peuvent se conserver plusieurs heures au réfrigérateur.

FACILE

Pour **6** personnes
15 min de préparation
Coût €€

TARAMA

150 g d'œufs de cabillaud fumés • 1 tranche de pain de mie • 3 cuil. à soupe de lait • 1 yaourt nature • ½ cuil. à café de paprika • 1 cuil. à soupe de jus de citron • 1 cuil. à soupe d'huile d'olive • Sel, poivre

Matériel
Mixeur

1. Enlevez la membrane protectrice de la poche des œufs de cabillaud. À l'aide d'une cuillère à soupe, grattez les membranes pour recueillir tous les œufs. Mettez-les dans le bol du mixeur.

2. Imbibez le pain de lait et mettez-le dans le mixeur avec le yaourt, le paprika, le jus de citron et l'huile d'olive. Mixez jusqu'à ce que le mélange soit homogène, goûtez et rectifiez l'assaisonnement si nécessaire.

3. Réservez au frais jusqu'au moment de servir.

CONSEIL
Vous pouvez réaliser le tarama deux jours à l'avance à condition de bien le conserver au frais.

FACILE

Pour **6** personnes
10 min de préparation
Coût €€

GUACAMOLE

2 avocats • 1 petit oignon • 4 brins de coriandre • Quelques gouttes de Tabasco • 1 cuil. à soupe d'huile d'olive • 1 cuil. à soupe de jus de citron

Matériel
Mixeur

1. Mettez dans le bol du mixeur la chair des avocats, l'oignon et la coriandre. Mixez une première fois puis ajoutez le Tabasco, l'huile d'olive et le jus de citron.

2. Mixez bien à nouveau et conservez au frais.

CONSEILS
Le guacamole peut se réaliser quelques heures à l'avance. Citronnez légèrement le dessus de la préparation pour éviter que la chair des avocats ne noircisse et mélangez au moment de servir.

FACILE

Pour **6** personnes
20 min de préparation
Coût €

TAPENADE

200 g d'olives noires non dénoyautées • 2 anchois • 1 gousse d'ail • 2 cuil. à soupe d'huile d'olive

Matériel
Dénoyauteur (facultatif) • Mixeur

1. À l'aide d'un dénoyauteur, dénoyautez les olives. À défaut, ouvrez-les en deux et retirez les noyaux à la main. Disposez les olives dans un bol et mixez-les une première fois.

2. Ajoutez les anchois et la gousse d'ail pelée et écrasée. Mixez à nouveau. Ajoutez l'huile d'olive et mixez encore jusqu'à obtenir une préparation lisse. Réservez au frais.

CONSEILS
La tapenade peut se préparer deux jours à l'avance à condition de la conserver au frais. Vous pouvez utiliser des olives déjà dénoyautées.

FACILE

Pour **6** personnes
20 min de préparation
Coût €

HOUMMOS

1 petite boîte de pois chiches • 1 gousse d'ail • 4 cuil. à café de jus de citron • 4 feuilles de menthe • 3 brins de coriandre • 2 cuil. à café de pâte de sésame (en magasin bio ou au rayon bio des supermarchés) • 2 cuil. à soupe d'huile d'olive

Matériel
Mixeur

1. Égouttez et rincez les pois chiches. Épluchez-les en les roulant entre vos mains, la pellicule du pois chiche s'enlève toute seule.

2. Disposez les pois chiches dans le bol du mixeur. Mixez une première fois puis ajoutez la gousse d'ail pelée et hachée, le jus de citron, la menthe et la coriandre ciselées, la pâte de sésame et l'huile d'olive. Mixez jusqu'à obtenir une pâte homogène.

3. Disposez dans un bol et réservez au frais jusqu'au moment de servir.

CONSEIL
Le hoummos peut se faire jusque trois jours à l'avance à condition de bien le filmer et de le conserver au frais.

FACILE

Pour **6** personnes
10 min de préparation
Coût €

TZATZIKI

½ concombre • 1 pot de yaourt grec • 1 cuil. à soupe de jus de citron • 5 feuilles de menthe • Sel, poivre

1. Pelez et épépinez le concombre et découpez-le en petits dés.

2. Dans un bol, mélangez le yaourt grec avec le jus de citron. Ajoutez la menthe préalablement lavée et ciselée. Ajoutez les dés de concombre. Mélangez bien, salez et poivrez. Servez très frais.

CONSEIL

Le tzatziki peut se préparer deux jours à l'avance à condition de bien le conserver au frais.

FACILE

Pour **6** personnes
15 min de préparation
5 min de cuisson
Coût €

CAVIAR D'AUBERGINE

1 aubergine • ½ tomate • 1 gousse d'ail • 1 cuil. à soupe d'huile d'olive • 1 cuil. à soupe de jus de citron • 1 oignon frais • Sel, poivre

Matériel
Mixeur

1. Piquez l'aubergine à la fourchette et placez-la au four à micro-ondes. Faites-la cuire à la puissance maximale pendant 5 min. Une fois cuite, ouvrez-la et, à l'aide d'une cuillère, retirez la chair.

2. Placez la chair dans le bol du mixeur avec la demi-tomate lavée et coupée en quartiers, la gousse d'ail épluchée et écrasée, l'huile, le jus de citron et l'oignon épluché. Mixez le tout jusqu'à obtenir une purée grossière. Goûtez et rectifiez l'assaisonnement si nécessaire.

3. Dégustez ce caviar tiède ou froid.

CONSEIL
Vous pouvez réaliser le caviar d'aubergine deux jours à l'avance et le conserver au frais.

• MESURES ET ÉQUIVALENCES •

MESURER LES INGRÉDIENTS

INGRÉDIENTS	1 cuil. à café	1 cuil. à soupe	1 verre à moutarde
Beurre	7 g	20 g	-
Cacao en poudre	5 g	10 g	90 g
Crème épaisse	1,5 cl	4 cl	20 cl
Crème liquide	0,7 cl	2 cl	20 cl
Farine	3 g	10 g	100 g
Gruyère râpé	4 g	12 g	65 g
Liquides divers (eau, huile, vinaigre, alcools)	0,7 cl	2 cl	20 cl
Maïzena	3 g	10 g	100 g
Poudre d'amandes	6 g	15 g	75 g
Raisins secs	8 g	30 g	110 g
Riz	7 g	20 g	150 g
Sel	5 g	15 g	-
Semoule, couscous	5 g	15 g	150 g
Sucre en poudre	5 g	15 g	150 g
Sucre glace	3 g	10 g	110 g

MESURER LES LIQUIDES

1 verre à liqueur = 3 cl

1 tasse à café = 8 à 10 cl

1 verre à moutarde = 20 cl

1 mug = 25 cl

POUR INFO

1 œuf = 50 g

1 noisette de beurre = 5 g

1 noix de beurre = 15 à 20 g

RÉGLER SON FOUR

Température (°C)	Thermostat
30	1
60	2
90	3
120	4
150	5
180	6
210	7
240	8
270	9

• TABLE DES RECETTES •

• TABLE DES MATIÈRES •

Retrouvez l'auteur sur son blog : http://payettecuisine.fr

Manuella Chantepie remercie :
- Fleux : 39 et 52, rue Sainte-Croix-de-la-Bretonnerie – 75004 Paris – 01 42 78 27 20
- Jars : jarsceramistes.com – 04 75 31 40 40
- La Tortue Bleue : 112, rue Lamarck – 75018 Paris – 01 42 52 27 25

Pour l'éditeur, le principe est d'utiliser des papiers composés de fibres naturelles, renouvelables, recyclables et fabriquées à partir de bois issus de forêts qui adoptent un système d'aménagement durable. En outre, l'éditeur attend de ses fournisseurs de papier qu'ils s'inscrivent dans une démarche de certification environnementale reconnue.

Direction : Catherine Saunier-Talec
Responsable éditoriale : Anne Vallet
Conception intérieure et couverture : Salah Kherbouche
Réalisation intérieure : Les Paoïstes
Préparation de copie et corrections : Anne Rothé et Nelly Mégret
Fabrication : Amélie Latsch

© 2011, Hachette Livre (Hachette Pratique), Paris.
Dépôt légal : septembre 2011 - Imprimé en mars 2012
23-11-8283-02-6
ISBN : 978-2-01-238283-1
Impression : LEGO spa, Italie

Découvrez le Guide Hachette des Vins sur iPhone et iPad ! Une recherche simple et rapide parmi 10 000 vins sélectionnés, une géolocalisation des producteurs et un livret de dégustation personnel : c'est l'occasion de trouver le vin qui accompagnera votre recette. Rendez-vous également sur le site www.Hachette-vins.com pour découvrir tous les accords mets et vins.